생활영어의 꿈이 이루어진다!

내 인생의 모든 '사랑하는 사람들'에게 감사의 마음을 전합니다.

도서명: 생활영어의 꿈이 이루어진다!

펴낸곳: 도서출판 신나라
펴낸이: 임종천
지은이: 권은영

감 수: Yuan-Her Robin Hwang
연구기획: 김보연 | 민성애 | 이상미
출판기획: BooXeX(북섹스) | 윤의애
Special Thanks: 김상범 | 이종희 |
        松島珪子 | 房田明子

찍은날 : 2002. 8. 25
펴낸날 : 2002. 9. 01
제 4 쇄 : 2006. 3. 10

등록일: 1991. 10. 14
등록번호: 제 6-136호
주 소: 서울 동대문구 제기2동 148-17
전 화: (02) 929-2882
팩 스: (02) 927-2593

E-mail: shinnarabook@yahoo.co.kr
      bookshin@intizen.com

ISBN: 89-7593-073-4

* 정가는 뒷표지에 표시

It is the 21st century, and in our world today, national barriers and gaps that exist among cultures have been reduced to form a "global village". In the global village, English is recognized as a dominant language for a variety of reasons, political, economic, and cultural. In this situation, numbers of people in non-English speaking countries want to speak English fluently, and what would be the secret?

In order to speak English well, firstly, I would like to suggest that you have to think in English. If you think in Korean in order to speak in English, it takes a considerable amount of time to translate what you want to say from one language to the other, and there is an uneasy period of silence intervening between the Korean thinking and English speaking. Moreover, the English you speak is often not 100 percent English but English exhibiting vestiges of Korean structure, vocabulary, etc. Secondly, you need to take an active approach to language learning. To do this, you should practice what you have learned. You can practice it with your friends, family, or foreigners on the street. My point is that English conversation must be a regular part of your normal daily routine. If you keep that in mind and do your best in your study, I am sure you will be able to witness your English improve in an exceptional way. Good luck.

[추천사]

21세기인 오늘날, 국가 간의 장벽과 문화의 차이는 점점 사라져 가며 하나의 '지구촌'을 형성하고 있다. 이러한 세계 속에서 영어는 다양한 정치적, 경제적, 문화적 이유로 가장 지배적인 언어로 인식되어져 있는 실정이다. 이러한 상황에서 많은 수의 비 영어권 국가 사람들은 영어회화를 유창하게 구사하고 싶어한다. 과연 유창한 영어회화의 비결은 무엇일까?

영어회화를 잘하기 위해선 첫째, 영어로 생각하라고 권해주고 싶다. 만약 당신이 영어로 말하고자 할 때 한국어로 우선 생각한다면, 당신이 말하고자 하는 것을 한 언어에서 다른 언어로 번역하는 데에 상당한 시간이 소요될 것이다. 더욱이 그 경우, 종종 당신은 100% 완벽한 영어가 아닌, 한국어 구조와 단어 등의 흔적이 남아 있는 영어를 구사하게 된다. 둘째, 언어학습에 있어서 적극적인 자세를 가지라는 것이다. 그러기 위해서는 반드시 당신이 배운 것을 연습해야만 한다. 친구들과 연습할 수도 있고, 가족들과도 할 수 있을 것이며 또는 길거리에서 마주치는 외국인들과도 할 수 있을 것이다. 내가 말하고자 하는 요점은 영어회화가 당신의 일상생활의 한 부분이 되어야만 한다는 것이다. 만약 이것을 염두에 두고 학습하는 데에 최선을 다한다면, 당신의 영어가 상당히 향상되는 모습을 발견하게 될 것이라고 나는 확신한다. 행운이 함께 하길...

Yuan-Her Robin Hwang
Education Doctor (Ed. D.)
Boston University

서문

'나도 영어를 잘 해 봤으면 …' 하는 소망은, 이제 애나 어른 할 것 없이 우리나라 모든 이들의 간절한 소망일 것이다. 그럼에도 불구하고 선뜻 '영어'에 다가서지 못하고, 오히려 잔뜩 주눅만 드는 것은 왜일까?

평소 "영어를 어떻게 하면 잘 할 수 있나요?"라는 질문을 많이 받는다. 질문자와 대화하다 보면, 그들 대부분이 학창시절 영문법이며 단어에 데여 영어 자체에 대한 거부감을 가지고 있다는 것을 알게 되는데, 사실 영어회화를 학습하는 데 있어 문법이며 단어는 크게 문제되지 않는다. '문법'이라는 것은 말 그대로 '말의 법칙'으로서, 말을 하다보면 그 법칙이 저절로 내 몸에 배는 것이고, '단어'라는 것은 아주 기본적인 것만 알고 있으면 일상생활을 함에 있어 불편함이 없기 때문이다. 우리 중 그 누구도 두음법칙이니 대명사니 하는 문법 용어를 염두에 두고 우리말을 하는 사람은 없다! 시장 가서 장 보고, 극장가서 영화 보는데 굳이 어려운 학술용어를 쓸 필요는 없는 것이다.

서점에 나가보면 영어회화 교재라는 이름 아래 상황별 표현만을 잔뜩 실어놓은 책들이 즐비하다. 앵무새처럼 달달 문장만 외우는 것은 아무 노력도 안 하는 것보다야 물론 낫지만, 그러한 방법에는 분명 한계가 있다. 언어습득에 있어서 가장 중요한 것은 한 문장이라도 내 것으로 만들어 활용하는 것이기 때문이다. 이 때문에 저자는 이 책의 많은 문장들 중 꼭 숙지했으면 하는 패턴을 활용 연습하도록 배려하였으며, 아마도 바로 이 점이 본서를 여타 다른 영어회화 교재들과 차별성을 갖게 하는 이유일 것이다.

또한, 본 교재는 새로운 마음으로 영어회화를 시작하려는 사람들을 위해 쓰여진 책인 만큼 각 문장마다 한글로 그 발음을 표기하고 있다. '발음'이 영어실력에 있어 가장 중요한 요건은 결코 아니지만, 그것이 학습자의 측면에서 고려해 볼 때 '자신감'을 주는 결정적인 한 요인이기에 한글발음을 병기하기로 결정하였다. 그러나, 발음 표기 작업에 있어 시인해야 할 부분이 있다. 아무리 영어에 가깝게 표기하고 싶어도, 입술 깨무는 소리에, 혀 굴러가는 소리까지 그득한 영어를 한글로 똑같이 받아 적는다는 것은 기실 무리가 있다는 것이다. 그것을 보완하기 위하여 테이프가 첨가되었다. 우선 Native Speaker의 표준 발음을 큰 소리로 따라 하고, 따라하기 조차 힘든 문장이 있으면 그 때 책에 표기되어있는 발음을 살짝 참조하는 것이 가장 바람직한 학습태도임을 미리 알려 드리고자 한다.

이 책은 정치, 역사 등의 전문 분야에서 쓰이는 용어나 회화를 소개한 책이 아니다. 바로 외국에 떨어지는 순간부터 바로 말해야만 하는 너무도 기본적이고 자연스러운 일상의 대화들을 초보자를 위해 발음의 토까지 달아가며 만든 책이다. 영어가 어렵다고 생각하기 이전에 우리나라에서 버젓이 생활하고 있는 외국인들을 한 번 생각해 보기 바란다. 우리는 그나마 공교육을 통해서건, 영화며 팝송을 통해서건 수많은 경로를 통해 영어를 접해오지 않았던가. 그 어렵다는 한국어를 배우고 익혀 자신의 의사를 무리 없이 표현할 줄 아는 외국인들을 생각할 때, '영어'라면 미리 작아지는 우리들 자신은 그 얼마나 '응석받이'인 지를 먼저 깨달아야 한다.

세상에 못할 일은 없다. 우리는 그것을 2002 한일 월드컵을 통해 함께 느끼고 배웠다. 이제 그 때의 교훈을 자신의 일상에 끌어들여 뭔가를 일궈내야 할 때가 왔다. 영어회화! 한번 기분 좋게 도전해 보자. 나는 감히 이 책이, 간단한 문장으로 가득한 이 책이, 여러분에게 '영어라는 것! 생각보다 별 것 아니군!'이라는 자신감을 주기에 충분하다고 믿는다. 이 책으로 학습한 여러분이 어제보다 더 나은 자신의 모습을 발견할 수 있길 간절히 소망하면서 …

저자 권은영 올림

Basic Conver

Part I **Basic Conversation**

...sation | **Part I**
기본 생활 회화

Useful Conve

Part II **Useful Conversation**

sation | Part II
유용한 생활 회화

Travel Conver

Business Conv

Part Ⅳ **Business Conversation**

ation | Part III
여행 기본 회화

Part III **Travel Conversation**

rsation | Part IV
비지니스 회화

본 교재의 본문은 전체 네개의 파트로 되어 있습니다.

기본 생활 회화 | 유용한 생활 회화 |
Basic Conversation   Useful Conversation
여행 기본 회화 | 비지니스 회화 |
Travel Conversation   Business Conversation

Basic
Conversation

Part I
기본 생활 회화
Basic Conversation

기본 생활회화 (**Basic Conversation**)

1. 인사 (**Greetings**)

: '안녕하세요?'로 통일되는 우리나라 말과는 달리, 영어는 아침, 점심, 저녁 등 시간에 따라 그 인사법이 다릅니다. 이번 단원에서는 때와 장소, 그리고 대상에 따른 적절한 인사법들을 알아보겠습니다.

근   모오닝
❶ Good morning.

그   래애프터누운
❷ Good afternoon.

그   리이브닝
❸ Good evening.

근   나잇
❹ Good night.

하우 아 유
❺ How are you?

나띵   스뻬셜
❻ Nothing special.

_{(을)롱 타임 노 씨이}
❼ Long time no see.

_{테익 케어}
❽ Take care.

_{씨 여(을) 레이러}
❾ See you later.

_{해 버 굿 데이}
❿ Have a good day.

❶ 안녕하세요. (아침)
: 우리말과는 달리 영어는 언제 만나느냐에 따라 그 인사가 다릅니다.
❷ 안녕하세요.(점심)
❸ 안녕하세요. (저녁)
❹ 안녕히 주무세요. (밤)
: Good night은 밤에 만나서 하는 인사가 아니라 헤어질 때 '잘 자라!'는 뜻으로 하는 인사입니다.
❺ 어떻게 지냈어요?
❻ 별다른 일 없이 지내고 있어요.
❼ 오랜만입니다.
: 직역하자면 '긴 시간동안 보지 못했군요.' 입니다. 즉, 오랫동안 못 보던 사람을 만났을 때 하는 인사입니다.
❽ 몸조심하세요.
: 'Bye.' 대신 친구들 사이에서 많이 쓰이는 이 표현은 몸조심하라는 뜻을 내포하고 있기 때문에 더욱 정겹습니다.
❾ 나중에 만나요.
❿ 좋은 하루 되세요.

🗡 단어장

good 좋은 | morning 아침 | afternoon 오후 | evening 저녁 | night
밤 | how 어떻게 | nothing 아무것도 ~아니다(없다), 조금도 ~않다
(nothing을 수식하는 형용사는 뒤에 둠) | special 특별한 | long 긴 |
take care 조심하다 | see 보다 | later 나중에 | day 하루

🗡 활용연습

씨 여(을)
See you

레이러
later. 나중에 봐요.

어겐
again. 또 봐요.

쑤운
soon. 조금 있다가 봐요.

터마러우
tomorrow. 내일 봐요.

해 버
Have a

굿 데이
good day. 좋은 하루 되세요.

나이스 데이
nice day. 멋진 하루 되세요.

구뤠잇 데이
great day. 굉장한 하루 되세요.

원더풀 데이
wonderful day.
아주 좋은 하루 되세요. =오늘 하루 아주 잘 지내세요.

1)

Sooji: Good morning, Mr. Brown.
^근 ^{모닝,} ^{미스터} ^{브라운}

수지: 브라운 씨, 안녕하세요?

Mr. Brown: Good morning, Sooji.
^근 ^{모닝,} ^{수지}

브라운: 수지 양, 안녕하세요?

2)

Suyoun: How are you, Jihoon?
^{하우} ^아 ^유 ^{지훈}

수연: 지훈아, 어떻게 지내니?

Jihoon: Fine, thank you. How about you?
^{화인} ^땡 ^큐 ^{하우} ^{어바웃} ^츄

지훈: 잘 지내고 있지. (물어봐 줘서) 고마워. 너는 어때?

Suyoun: I'm fine. Thank you.
^{아임} ^{화인} ^땡 ^큐

수연: 나도 잘 지내고 있어. 고마워.

'Fine, thank you. And you?' 라고 공식처럼 외웠던 표현에서 'And you' 대신 'How about you'를 써보세요. 영어실력이 업그레이드 되었다는 생각에 기분이 상당히 좋아질 것입니다.

🕴 알아두세요~!

'Good morning.'과 같은 아주 쉬운 인사를 나이 많은 사람이나 윗사람에게 할 때, 우리말로 '안녕하세요.' 할 때처럼 고개 숙여 인사하며 말하게 되는 경우가 왕왕 있습니다. 동방예의지국에서 자란 까닭에 몸에 베인 우리의 습관이 새로운 언어와 결합되어 생기는 우리만의 현상이지만, 어른을 공경하는 마음가짐은 간직한 채 이런 간단한 인사는 눈인사와 함께 자연스레 나올 수 있도록 자꾸 연습해서 완전한 내 것으로 만들어 보세요.

2. 소개 (**Introduction**)

: 사람을 만날 때, 첫인상은 매우 중요합니다. 정중하고 밝은 모습으로 자신을 소개하고, 또 소개받는 방법들을 익혀보도록 하겠습니다.

하우 두 유 두
❶ How do you do?

나이스 터 미 츄
❷ Nice to meet you.

(을)렛 미 인트로듀으스 마이쎌프
❸ Let me introduce myself.

마이 네이 미즈 수지
❹ My name is Sooji.

아이 머 스튜어든(트)
❺ I'm a student.

아이(브) 헐(드) 얼 라 러바웃 츄
❻ I've heard a lot about you.

제이쓴 해 뷰 멧 하나
❼ Jason, have you met Hana?

미스터 와잇
❽ Mr. White,
메이 아이 인트로듀으스 마이 버-스 킴
may I introduce my boss, Kim?

아이들 라이 큐 루 밋 미스터 블랙
❾ I' d like you to meet Mr. Black.

디스 이즈 마이 프렌(드) 하나
❿ This is my friend, Hana.

❶ 처음 뵙겠습니다.
❷ 만나서 반갑습니다.
❸ 제 소개를 드리겠습니다.
❹ 내 이름은 수지입니다.
❺ 나는 학생입니다.
❻ (당신에 대해) 얘기 많이 들었습니다.
❼ 제이슨, 하나를 만나본 적 있니?
❽ 화이트 씨, 제 상관 김 씨를 소개해도 되겠습니까?
❾ 블랙 씨를 소개해드리고 싶습니다.
❿ 이 쪽은 내 친구 하나입니다.

🕺 단어장

nice 좋은 | meet 만나다 | let ~하게 하다 | introduce 소개하다 | myself 내 자신 | my 나의 | name 이름 | student 학생 | heard 듣다 (hear)의 과거형 | a lot 많이 | about ~에 대한 | have (조동사로서 뒤에 과거분사를 동반하여 쓸 때) ~을 했다 | met 만나다(meet)의 과거형 | Mr. ~씨 | may ~해도 된다 | boss 상관 | I'd like you to~ 나는 당신이 ~하기를 바랍니다 | this 이것은 | friend 친구

🕺 활용연습

나이스   터
Nice to

미   츄
meet you.   만나서 반갑습니다.

글래애   터
Glad to   만나서 반갑습니다.

해피   터
Happy to   만나서 기쁩니다.

디쓰 이즈
This is

마이   프렌(드)   하나
my friend, Hana.

마이   리를   씨스터-   수정
my little sister, Soojung.

마이   룸메잇   나리
my roommate, Nari.

이 쪽은 내 친구 하나야.
이 쪽은 내 여동생 수정이야.
이 쪽은 내 룸메이트인 나리야.

🎤 회화연습

1)

<ruby>메이 아이 인트로듀우스 마이 프렌(드) 터 유</ruby>
Sooji: May I introduce my friend to you?
수지: 제 친구를 소개해 드려도 될까요?

<ruby>오우 예(스) 플리이즈</ruby>
Mr. Baker: Oh, yes, please.
베이커: 아 예, 그렇게 하세요.

<ruby>미스터 베이커 디스 이즈 마이 프렌(드) 하니 킴</ruby>
Sooji: Mr. Baker, this is my friend Hani Kim.
<ruby>하니 디쓰 이즈 미스터 베이커</ruby>
Hani, this is Mr. Baker.
수지: 베이커 씨. 이 쪽은 제 친구 김하니입니다.
하니야, 이 분은 베이커 씨야.

2)

<ruby>하우 두 유 두 미스터 안</ruby>
Jihoon: How do you do, Mr. An?
<ruby>나이스 터 미 츄</ruby>
Nice to meet you.
지훈: 처음 뵙겠습니다. 안 선생님. 만나서 반가와요.

<ruby>나이스 터 미 츄 투우 지훈</ruby>
Mr. An: Nice to meet you, too, Jihoon.
안선생: 지훈 군, 나 역시 만나서 반갑네.

🎤 슬 랭 Slang

scatter-brained (정신이 가물가물한)
'scatter'라는 말은 '흩어지다'라는 뜻을 가지고 있는데, brain(두뇌)
이 scatter(흩어진)한 정도이면 똑똑치 못하다는 것을 유추할 수 있
을 것입니다.
예문) He's really scatter-brained.
(정신이 가물가물한 사람이야.)

3. 자기 소개 1 (**Self-Introduction 1**)

: 외국에 나가서 "I'm from Korea."라고 하면, "North or South?" "북한이요, 남한이요?"라는 질문을 받게 되는 경우가 종종 있습니다. 유감스럽게도 '한국…'하면 아직도 'Korean War(6.25 전쟁) 이후 분단국가가 된 나라'를 떠올리는 외국인들이 많기 때문에 그렇습니다. 월드컵 개최를 성공적으로 마친 우리나라의 국제적인 이미지가 확실하게 개선되길 기원하며, 이번 단원에서는 가족, 학교, 직장, 국가 등 사회적 관계 속의 자신을 소개하는 방법에 대해 알아보도록 하겠습니다.

아임　후럼　코뤼아
❶ I'm from Korea.

아이　워(크)　휘　쌤성
❷ I work for Samsung.

아이　고　루　코뤼아　유니버서리
❸ I go to Korea University.

아이　뤄　너　뤠스터랑(트)
❹ I run a restaurant.

아이　머　비지니스맨
❺ I'm a businessman.

❻ _{아임} _{씽글}
I'm single.

❼ _{아임} _{매뤼(드)}
I'm married.

❽ _{아이} _{해(브)} _{패어런츠} _앤 _투 _{리를} _{씨스터(즈)}
I have parents and two little sisters.

❾ _{데어} _라 _{쓰리} _{피플} _인 _{마이} _{훼밀리}
There are three people in my family.

❿ _{아임} _디 _{엘디스트}
I'm the eldest.

❶ 나는 한국에서 왔습니다.
❷ 나는 삼성에 다닙니다.
❸ 나는 고려 대학교에 다닙니다.
❹ 나는 식당을 하나 운영하고 있습니다.
❺ 나는 회사원입니다.
❻ 나는 미혼입니다.
❼ 나는 결혼했습니다.
❽ 나에게는 부모님과 여동생 둘이 있습니다.
❾ 우리식구는 세 명입니다.
❿ 나는 첫째입니다.

🦋 단 어 장

from ~로 부터 | Korea 한국 | work 일하다 | for ~을 위하여 | go to ~에 가다 | University 대학교 | run 운영하다, 달리다 | restaurant 식당 | businessman 회사원 | single 미혼의 | married 결혼한 | parents 부모님 | little 작은 | sisters 여동생(sister)의 복수형 | there are + 복수명사 ~이 있다(there is + 단수명사)의 복수형 | members 회원(member)의 복수형 | in ~의 안에 | family 가족 | eldest 나이든(old)의 최상급

🦋 활 용 연 습

아임　후럼　　　　코뤼아
I'm from　Korea.　　나는 한국에서 왔습니다.

헐랜(드)
Holland.　나는 네덜란드에서 왔습니다.

부산
Pusan.　　나는 부산에서 왔습니다.

아이　머　　　　　　비지니스맨
I'm a　businessman.　　나는 회사원입니다.

닥터
doctor.　　　　나는 의사입니다.

쎄일즈퍼슨
salesperson.　　　나는 점원입니다.

(예전에는 성을 구별하여 'salesman, saleswoman'이라고 표현했지만, 요즘은 굳이 구분하지 않고 'salesperson'이라고 하는 추세입니다.)

💃 회화연습

1)

^{나이쓰 터 미 츄}
Sooji: Nice to meet you.

^{아임 수지 킴 후럼 코뤼아}
I'm Sooji Kim from Korea.

수지: 만나서 반가워요.
저는 한국에서 온 김 수지입니다.

^{나이쓰 터 미 츄 투우 아임 제이쓴}
Jason: Nice to meet you, too. I'm Jason.

제이슨: 저도 만나서 반갑습니다. 제이슨이라고 합니다.

2)

^{미스터- 안}
Jihoon: Mr. An,

^{하우 매니 아 데어 인 뉴어 훼밀리}
how many are there in your family?

지훈: 안 선생님, 가족이 몇 명이십니까?

^{데어 라 포어 피플 인 마이 훼밀리}
Mr. An: There are four people in my family.

^{마이 와이(프) 투 췰드런 앤 미이}
My wife, two children, and me.

안 선생: 4명이라네. 아내와 두 아이, 그리고 나까지 말일세.

💃 알아두셔요~!

사전을 찾아보면 '처녀'라는 단어는 'virgin'이라고 나올 것입니다.
그러나 '저는 (결혼 안 한) 처녀에요.'라는 뜻으로 'I'm a virgin.'이
라고 얘기한다면 듣는 사람 입장에선 '저는 아직 한 번도 성경험이
없어요.'라는 뜻으로 이해하게 됩니다. 그것은 'virgin'이 '숫처녀'라
는 의미를 가지기 때문입니다. 따라서, 성경험 유무가 아니라 결혼
유무가 말하고자 하는 바라면 'I'm single.'(저는 미혼이에요.)이라고
말하는 것이 무난합니다.

4. 자기소개 2 (**Self-Introduction 2**)

: 이번 단원에서는 성격, 몸무게, 키, 나이 등 자기 자신의 내적, 외적
인 모습을 소개할 때 적당한 표현방법에 대해 알아보도록 하겠습니
다.

와   리즈   히   (을)라익

❶ What is he like?

히   이즈   베뤼   핫   템퍼(드)

❷ He is very hot-tempered.

하우   머치   두 . 유   웨이

❸ How much do you weigh?

아이   웨이   씩스티쎄븐킬로그램

❹ I weigh 67kg.

하우   털   아   유

❺ How tall are you?

아임   원헌드레(드)씩스티쓰리 쎄니미러 털

❻ I' m 163 cm tall.

하우 오울(드) 아 유
❼ How old are you?

(아임) 트워니쓰리 (이얼스 오울드)
❽ (I'm) 23 (years old).

아임 투 이얼스 영거 댄 마이
❾ I'm two years younger than my
브라더
brother.

아일 테익 캐프터 마이 머더
❿ I take after my mother.

---

❶ 그의 성격은 어떤가요?
❷ 그는 굉장히 다혈질입니다.
❸ 몸무게가 얼마입니까?
❹ 67kg입니다.
❺ 키가 어떻게 되십니까?
❻ 163cm입니다.
❼ 나이가 어떻게 되십니까? (여자에게 묻는 것은 실례입니다)
❽ (나는) 23 (살이에요). : ('몇 살이에요?'라는 물음에 '나는 23살이에요.' 보다는 '23살이에요.'가 더 자연스러운 것처럼 영어에서도 굳이 'I am 23 years old.' 보다는 '23 years old.'가, '23 years old.' 보다는 '23.'가 더 자연스럽습니다. 물론 이는 격식을 갖추지 않은 경우에 한합니다.)
❾ 오빠보다 두 살 어립니다.
❿ 어머니를 닮았습니다.

🎯 단 어 장

like~ 같은 | very 매우 | hot-tempered 다혈질의 | how much 얼마나 많이 | weigh 무게가 나가다 | tall (키가) 큰 | old 나이든 | years 해, 년(year)의 복수형 | years old ~살 | younger 어린(young)의 비교급 | than ~보다 | brother 남동생, 오빠, 형 | take after ~을 닮다

🎯 활 용 연 습

히 쉬 이즈 핫 템퍼(드)
He[She] is hot-tempered. 그는[그녀는] 다혈질이다.

아웃고잉
outgoing.　　　그는[그녀는] 사교적이다.

터커티브
talkative.　　　그는[그녀는] 수다쟁이다.

아 엠 투 이얼스 영거 댄 마이 브라더
I am two years younger than my brother.

워 니어 영거 힘
one year younger　　　　**him.**

워 니어 오울더 허
one year older　　　　**her.**

저는 오빠 보다 2 살 어립니다.
저는 그보다 한 살 어립니다.
저는 그녀보다 한 살 많습니다.

회화연습

1)

Mrs. White: What is your brother like?
화이트 부인: 남동생은 어떤 사람인가요?

Sooji: He is very outgoing and humorous.
수지: 그 애는 굉장히 사교적이고 유머가 많습니다.

2)

Jungha: How old are you?
정하: 몇 살이세요?

Jihoon: I'm 23 years old. And you?
지훈: 23살인데요. 정하씨는요?

Jungha: I'm 25. (I'm) two years older than you.
정하: 25 살입니다. 제가 두 살 더 많군요.

슬 랭 Slang

P. O. (삐지다)

'P. O.'가 무슨 뜻일까? 'P. R.'(피알)은 들어봤어도 'P. O.'는 배우지 않는 한, 알 수가 없는 말입니다. 'P. O.'는 바로 'Pissed Off.'의 준말로 '삐지다'라는 뜻입니다.

예문) Jane is really P. O. (제인은 정말 삐졌어.)

5. 감정 (**Emotions**)

: 인간은 '감정의 동물'이라고 합니다. 기쁘고, 슬프고, 화나고, 우울
하고... 이번 단원에서는 이처럼 변화무쌍한 자신의 감정들을 상황에
따라 어떻게 표현하는지에 대해 알아보겠습니다.

❶ (잇츠) 원더풀
(It's) Wonderful!

❷ 터뤼픽
Terrific!

❸ 어메이징
Amazing!

❹ 환태스틱
Fantastic!

❺ 쿠울
Cool!

❻ 아임 쏘우 햅피
I'm so happy.

❼ 아이 휘일 블루
I feel blue.

우웁쓰
❽ Oops!

오   디어
❾ Oh, dear!

오 마이 갓   오 마이 가아쉬
❿ Oh, my god! / Oh, my gosh!

김   미 어 브뤠익
⓫ Give me a break!

쉐임   언   뉴
⓬ Shame on you!

댓츠   투우   배앳
⓭ That's too bad!

유   쥬라이(브) 미   크뤠이지
⓮ You drive me crazy!

❶ 멋있는데!
❷ 끝내준다!
❸ 놀라운데!
❹ 환상적이야!
❺ 쌈박하군! (cool은 '시원한' 이라는 뜻 이외에도 '끝내주는' 이라는 뜻이 있습니다.)
❻ 난 너무 행복해.
❼ 우울해요.
❽ 이런! 아차!
❾ 어머나! (다소 여성적입니다.)
❿ 이런, 큰일 났는 걸! 아뿔싸! : (코미디 프로그램을 통해서 너무나도 자연스럽게 알게된 표현 '오, 마이 갓.' ... 'My! Oh, my!' 라고도 하며, 여자의 경우 'Oh, my god!' 보다는 'Oh, my gosh!' 라는 표현이 좀 더 부드럽습니다.)

⑪ 이제 그만해!
⑫ 창피한 줄 좀 알아라!
⑬ 안됐다! (물론 때에 따라선 '그건 너무 나쁘다.' 라는 의미로도 쓰일 수도 있습니다.)
⑭ 너 때문에 정말 화가 나서 미치겠다.

🗡 단 어 장

wonderful 훌륭한 | terrific 굉장한 | amazing 놀라운 | fantastic 환상적인 | cool 끝내주는, 시원한 | so 매우 | happy 행복한 | feel ~게 느끼다 | blue 우울한, 파란색 | oops 어머나 | dear 아이구, 어머나 (감탄사) | god 신 | gosh 아이쿠 | give 주다 | me 나에게 | break 휴식, 기회 | give + 사람 + a break ~을 너그러이 봐주다 | shame ~을 부끄럽게 하다 | on ~위에 | too 너무 | bad 나쁜 | drive ~하게 만들다 | crazy 미친

🗡 활 용 연 습

아이 휘일
I feel

블루
blue. 우울해요.

임배러스(드)
embarrassed. 당황스럽네요.

미저러블
miserable. 비참합니다.

아임 쏘우
I'm so

햅피
happy. 너무 행복해.

매앳
mad. 너무 화가 나요.

쌔앳
sad. 너무 슬퍼요.

✘ 회 화 연 습

1)

유 (을)룩 햅피 터데이 수지
Susan: You look happy today, Sooji.
애니 귿 뉴우스
Any good news?
수잔: 오늘 기분이 좋아 보이는구나. 좋은 일이라도 있니?

아이 저스트 가 러 레러 후럼 마이 프렌 딘 코뤼아
Sooji: I just got a letter from my friend in Korea.
수지: 방금 한국에 있는 친구에게서 편지를 받았거든.

2)

(을)렛츠 고우 터 더 바- 아을 츠뤼잇 츄 어얼
Jihoon: Let's go to the bar. I'll treat you all.
지훈: 술 마시러 가자. 오늘은 내가 한 턱 낸다!

터뤼픽
Jihoon's friends: Terrific!
친구들: 좋지!

✘ 슬 랭 Slang

feeling low(저기압)
사람의 기분은 그 표현도 가지가지입니다. 그 중 쉽고도 꼭 알아두
어야 할 표현 '나 오늘 저기압이야.'를 소개하고자 합니다. 저기압이
'low pressure'라고 해서 'I'm a low pressure.'라고 하는 게 아니라
'~하게 느끼다'의 뜻인 'feel'이라는 동사 뒤에 '낮은'이라는 뜻의
형용사 'low'를 써서 표현해주면 됩니다. 이 외에도 'She's
bummed today.', 'She's in a bad temper today.', 'She's out of
sorts today.', 'She's in a bad mood today.'라는 표현이 있습니다.
예문) I'm feeling low.
　　　(나 오늘 저기압이니까, 건들지 마라.)

6. 격려, 감탄
(**Motivation & Admiration**)

: 감탄할 만한 일에 'Good!'만 연발할 일이 아니라, 다양한 표현을 구사할 수 있다면 여러분의 영어회화는 그만큼 '성숙'한 것입니다. 이번 단원에서는 격려와 감탄의 다양한 표현들을 익혀보겠습니다.

　　　행　　인　　데어
❶ Hang in, there!

　　고우　휘　릿
❷ Go for it!

　　두　　유어　　베스(트)
❸ Do your best!

　　유　큰　두　잇
❹ You can do it!

　와우
❺ Wow!

　아이　디　릿
❻ I did it!

^유 ^{메이} ^릿
❼ You made it!

^{브라보우}
❽ Bravo!

^유 ^디 ^러 ^굿 ^잡
❾ You did a good job!

^{아임} ^쏘 ^{프라우} ^{더(브)} ^유
❿ I'm so proud of you!

❶ 조금만 더 참아!
❷ 잘 해라! (응원할 때에 사용되는 표현입니다.)
❸ 최선을 다해!
❹ 넌 할 수 있어! (이 문장은 발음에 각별히 신경을 써야합니다.
(유큰두잇) 'can' 뒤의 동사에 강세를 두고 발음을 해야 '할 수 없
다'인 'can't'와 확실히 구별이 되기 때문입니다.)
❺ 우와!
❻ 해냈다!
❼ 너 해냈구나!
❽ 잘했어!
❾ 정말 잘 했어!
❿ 난 네가 정말 자랑스럽구나!

📌 단 어 장

hang 매달리다 | in ~안에 | there 자, 어서, 거기에서 | go 가다 | go for ~을 얻고자 노력하다 | for ~을 위하여 | it 그것 | do one's best 최선을 다하다 | can ~ 할 수 있다 | do ~을 하다 | wow 우와 | did (~을) 하다(do)의 과거형 | made 만들다(make)의 과거형 | bravo 브라보, 잘 한다 | job 일 | be proud of ~을 자랑스러워하다

📌 활 용 연 습

아임 쏘 프라우 더(브) 유
I'm so proud of you. 난 네가 참 자랑스럽다.

위아
We're 우리는 네가 참 자랑스럽다.

히즈
He's 그는 널 참 자랑스러워한다.

유 큰 두 잇
You can do it! 넌 (이것을) 할 수 있어!

이 릿
eat 넌 (이것을) 먹을 수 있어!

쏘울 빗
solve 넌 (이것을) 풀 수 있어!

👯 회화연습

1)

파더-! 아이 패쓰 디 익젬
Sooji: Father! I passed the exam!

수지: 아버지! 저 시험 합격했어요!

아임 쏘 프라우 더(브) 유
Father: I'm so proud of you.

아버지: 네가 정말 자랑스럽다.

2)

아이 도운 띵- 키 리즈 파써블
Jungsoo: I don't think it is possible.

정수: 내 생각엔 이건 불가능해.

도우 네버 기이 법 정수
Jihoon: Don't ever give up, Jungsoo.

유 큰 두 잇
　　　　　You can do it!

지훈: 정수야, 절대 포기하지 마. 넌 할 수 있어!

👯 슬 랭 Slang

brain (매우 똑똑한 사람)

'brain'은 '두뇌'라는 뜻으로만 알고 있지만 두뇌가 좋은 사람, 즉 '똑똑한 사람' 또는 '천재'라는 뜻으로도 쓰입니다.

예문) He's a real brain. (그 사람은 진짜 똑똑해.)

7. 축하, 위로
(Congratulations & Comfort)

: 기쁜 일에 기뻐해 주고, 슬픈 일에 위로해 줄 수 있는 사람이라면 분명 모든 이에게 환영 받을 수 있을 것입니다. 특히 힘들 때 따뜻한 위로의 말 한 마디만큼 고마운 것은 없겠죠. 영어로 말하는 '축하와 위로의 말', 멋지게 해 줄 수 있도록 연습해 보세요.

컨그레츌레이션(스)
❶ Congratualtions!

컨그레츌레이션(스)   언   뉴어   썩세스
❷ Congratulations on your success.

햅피   버쓰데이   투   유
❸ Happy birthday to you!

햅피   뉴   이어
❹ Happy New Year!

아이   위   슈   해피니스
❺ I wish you happiness.

아임 쏘리 터 히어 댓
⑥ I'm sorry to hear that.

아 유 얼 롸잇
⑦ Are you all right?

돈 워뤼
⑧ Don't worry.

치어 럽
⑨ Cheer up!

킵 피 럽
⑩ Keep it up!

❶ 축하해요!

❷ 성공을 축하해요.

❸ 생일 축하해요!

❹ 새해 복 많이 받으세요!

❺ 행복하시기를 바래요.

❻ 그런 소식을 듣게 되어 유감입니다.(=안됐군요.) : (가끔은 'I'm sorry.'를 번번이 '미안해.'라고만 번역하는 서적들을 접할 기회가 있습니다. 'I'm sorry.'는 때에 따라 '미안해.' 또는 '안 됐군요.'라는 뜻으로 쓰일 수 있다는 것도 알아둡시다.)

❼ 괜찮으세요?

❽ 걱정마세요.

❾ 힘내세요!

❿ 용기를 내세요!

🏃 단어장

Congratulations 축하(congratulation)의 복수형 | success 성공 | birthday 생일 | to ~에게 | new 새로운 | wish ~을 기원하다 | happiness 행복 | sorry 유감이다 | hear 듣다 | all 모두, 다 | right 정상적인 | worry 걱정하다 | cheer up 기운 나게 하다 | keep up (기운, 우정 등을) 유지하다

🏃 활용연습

컨그레츌레이션(스)   언   뉴어-   썩세스
Congratulations on your   success.

프러모우션
promotion.

그뤠쥬에이션
graduation.

성공을 축하해요.
승진을 축하해요.
졸업을 축하해요.

돈   워뤼
Don't   worry.   걱정하지 마세요.

비   쌔앳
be sad.   슬퍼하지 마세요.

기이   법
give up.   포기하지 마세요.

🏃 회화연습

1)

Sooji: Happy birthday to you, Susan.
This is a present for you.

수지: 수잔, 생일 축하해. 이건 내가 준비한 선물이야.

Susan: Thank you very much.

수잔: 정말 고마워.

2)

Jihoon: You look pale, Jinho.
Is there anything wrong?

지훈: 진호씨 얼굴이 창백해 보이네요. 무슨 일 있습니까?

Jinho: My grandmother died yesterday.

진호: 할머니께서 어제 돌아가셨습니다.

Jihoon: Oh, I'm sorry to hear that. If there's
anything I can do for you, please let me know.

지훈: 저런, 안 됐군요.
제가 해드릴 수 있는 일이 있다면 꼭 알려주세요.

🏃 슬 랭 Slang

chicken(겁쟁이)

영화 'Back to the future'에서 보면 주인공을 친구녀석이 'Chicken!'
이라며 자꾸 놀리는 장면이 나옵니다. '사람한테 웬 닭(chicken)?',
'닭대가리라는 뜻인가?' 싶겠지만 'chicken'은 다름 아닌 '겁쟁이'라
는 뜻입니다. 같은 뜻으로 'coward', 'poltroon', 'mouse' 등이 있습니
다. (예문) He's such a chicken. (걔는 진짜 겁쟁이야.)

8. 감사 (**Appreciation**)

: '말로 표현 안 해도 마음으로 느끼겠지…' 라고 생각하지 마시고, 아무리 작은 일에도 감사의 표현을 '꼬~옥!' 해주십시오. 감사의 표현을 잘 하시는 여러분! 더욱 멋지게 보일 것입니다.

❶ Thanks a lot.
땡스 얼 랏

❷ Thank you so much.
땡 큐 쏘우 머취

❸ Thanks for your help.
땡스 풔 유어 헬(프)

❹ Thanks for helping me.
땡스 풔 헬핑 미

❺ It was a great help.
이 뒈쓰 어 그뤠잇 헬(프)

❻ I appreciate your help.
아이 어프리시에잇 츄어 헬(프)

❼ _{나 래 럴}
Not at all.

❽ _{도운 멘셔 닛}
Don' t mention it.

❾ _{잇츠 나띵}
It' s nothing.

❿ _{(잇츠) 마이 플레져}
(It' s) My pleasure.

❶ 매우 고마워요.
❷ 대단히 감사합니다.
❸ 도와주셔서 감사합니다.
❹ 도와주셔서 감사합니다. (단, 'Thank you for your helping.' 은 안
됩니다. 'Thank you for 소유격 + ~ing' 는 성립되지 않기 때문입니
다.)
❺ 아주 많이 도움을 받았어요.
❻ 도움을 주셔서 감사합니다.
❼ 천만에요.
❽ 천만에요.
❾ 뭘요.
❿ 아닙니다. 저의 기쁨입니다.

🌟 단 어 장

thanks 감사(하다) | much 많은 | for ~을 위한 | help 도움 |
thanks for ~ing ~해서 감사하다 | great 훌륭한 | appreciate 감사하다 | not ~아니다 | at all 전혀 | mention 언급하다 | nothing 아무것도 아니다 | pleasure 기쁨

🌟 활 용 연 습

땡스 | 휘
Thanks for

헬핑 | 미
helping me.

인바이링 | 미
inviting me.

콜링
calling.

도와주셔서 감사합니다.
초대해 주셔서 감사합니다.
전화해 주셔서 감사합니다.

땡 | 큐 | 휘
Thank you for

유얼 | 헬(프)
your help.

더 | 프레전(트)
the present.

유어 | 커얼
your call.

도와주셔서 감사합니다.
선물 주신 것 감사합니다.
전화해 주셔서 감사합니다.

1)

<small>땡 큐 휘 유어 프레전(트)</small>
Susan: Thank you for your present.
<small>더 코뤼언 훼 니즈 쏘우 비유리풀</small>
The Korean fan is so beautiful.
수잔: 선물 고마워요. 한국부채가 너무 아름답네요.

<small>유어 웰컴 아임 글래애 쥴 라이 킷</small>
Sooji: You're welcome. I'm glad you like it.
수지: 천만에요. 맘에 든다고 하시니 기쁘군요.

2)

<small>땡 큐 휘 헬핑 미</small>
Jungsoo: Thank you for helping me.
<small>땡스 터 유 아이 쿳 휘니(쉬) 더 호움워억</small>
Thanks to you, I could finish the homework.
정수: 도와 주셔서 감사합니다. 덕분에 숙제를 마칠 수 있었어요.

<small>돈 멘셔 닛</small>
Jihoon: Don't mention it.
지훈: 천만에요.

전국적으로 많은 체인점을 가지고 있는 패밀리 레스토랑의 대명사 'T.G.I.F.' 이 말은 주말에 헤어질 때 '주말 잘 지내요'라는 뜻으로 하는 인사라고 합니다. 풀어쓰면 "Thank God, it's Friday." (고마워라 금요일.) = (주말이다!)

9. 사과 (**Apology**)

: 우리는 "미안합니다."라는 말에 다소 인색한 것 같습니다. 이번 단원에서는 영어로 어떻게 미안한 마음을 정중하게 전할 수 있는지에 대해 알아보겠습니다.

아이 앰 쏘뤼
❶ I am sorry.

대츠 오우 케이
❷ That's O. K.

(아임) 쏘뤼 터 빌 레잇
❸ (I'm) Sorry to be late.

아임 쏘뤼 터 해브 켑 츄 웨이링
❹ I'm sorry to have kept you waiting.

아임 쏘뤼 터 바더 유
❺ I'm sorry to bother you.

플리이즈 억셉(트) 마이 어팔러쥐이(스)
❻ Please accept my apologies.

7 May I interrupt?
매이 아이 인터럽(트)

8 You don't need to be sorry.
유 돈 니이 터 비 쏘뤼

9 Please forgive me.
플리이즈 폴깁 미

10 Excuse me,
익쓰큐즈 미
but may I ask you a question?
벗 매이 아이 애스 큐 어 퀘스천

---

❶ 미안해요.

❷ 괜찮아요.

❸ 늦어서 죄송해요. (모든 문장에 'I'm'을 꼭 써줄 필요는 없습니다.)

❹ 기다리게 해서 죄송합니다.

❺ 귀찮게 해서 죄송합니다.

❻ 제 사과를 받아주십시오.

❼ (대화 중) 끼어 들어도 되겠습니까?

❽ 미안해하실 필요 없습니다.

❾ 용서해주세요.

❿ 죄송합니다만, 뭐 좀 여쭤봐도 될까요?

🏃 단 어 장

sorry 미안한 | O. K. 괜찮은 | late 늦은 | kept 지키다(keep)의 과거형 | waiting 기다리다(wait)의 진행형 | bother 귀찮게 하다 | please 아무쪼록, 제발 | accept 받아들이다 | apologies 사과(apology)의 복수형 | interrupt 끼여들다 | need 필요 | don't need to ~ 할 필요 없다 | forgive 용서하다 | excuse 용서하다 | excuse me 실례합니다 | ask 묻다 | question 질문

🏃 활 용 연 습

아임   쏘뤼   터   바더   유
I'm sorry to bother you.   귀찮게 해서 죄송합니다.

츄라블   류
trouble you.   폐를 끼쳐 죄송합니다.

인터럽   츄
interrupt you.   방해해서 죄송합니다.

익쓰큐즈   미   벗   매이 아이   애스   큐 어   퀘스천
Excuse me, but may I   ask you a question?

인터럽(트)
interrupt?

유즈   유어   펜
use your pen?

죄송합니다만, 뭐 좀 여쭤봐도 될까요?
대화 중 죄송합니다만, 좀 끼어 들어도 되겠습니까?
죄송합니다만, 펜 좀 잠깐 써도 되겠습니까?

🕴 회 화 연 습

1)

<small>아임 쏘뤼 아이 브로욱 큐어 글래애스</small>
Sooji: I'm sorry. I broke your glass.

수지: 죄송해요. 유리잔을 깨뜨렸네요.

<small>댓츠 오우 케이</small>
Mrs. Baker: That's O. K.
<small>아 유 어얼 롸잇 바이 더 웨이</small>
Are you all right, by the way?

베이커 부인: 괜찮아요. 그건 그렇고, 다치진 않으셨어요?

2)

<small>익쓰큐즈 미</small>
Woman: Excuse me,
<small>벗 쿠 쥬 테이 커 픽쳐 휘 러스</small>
but could you take a picture for us?

부인: 실례지만, 사진 좀 찍어 주시겠어요?

<small>슈어</small>
Jihoon: Sure.
지훈: 물론이지요.

🕴 슬 랭 Slang

I've got the runs. (설사 때문에 화장실에 가다.)

우리가 보통 '달리다'의 뜻으로만 알고 있는 'run'은 명사일 경우 '(물 등의) 유출, 분출'이라는 뜻도 가지고 있는데, 'I've got the runs.'라고 하면 설사때문에 화장실을 간다는 뜻이 됩니다.

예문) I'm sorry. I've got the runs.
(미안. 설사때문에 잠간 실례할게.)

10. 도움을 부탁할 때
(**Asking for Help**)

: 사회생활을 하면서 남에게 도움을 청하고, 반대로 도움을 주는 등의 상황은 매우 일상적입니다. 적절한 표현으로 청한다면 더욱 쉽게 도움을 얻을 수 있을 것입니다. 도움을 부탁할 때와 도움을 부탁 받을 때 각각 어떻게 표현하는 지에 대해 알아보겠습니다.

　　　　우　　쥬　두　미　어　훼이버
❶ Would you do me a favor?

　　　두　미　어　훼이버　플리이즈
❷ Do me a favor, please.

　　　슈어-　　어브　코올스
❸ Sure. / Of course. /
　　　썰튼리　　　위(드)　　플레져
Certainly. / With pleasure.

　　아임　쏘뤼　아이　캔(트)
❹ I'm sorry I can't.

　　아임　쏘뤼　　아임　비지　롸잇　나우
❺ I'm sorry, I'm busy right now.

❻ Would you please help me?
우 쥬 플리이즈 헬(프) 미

❼ Please help me.
플리이즈 헬(프) 미

❽ Do you want me to help you?
두 유 원 미루 헬 퓨

❾ Would you give me a hand?
우 쥬 김 미 어 핸(드)

❿ Would you help me lift this box?
우 쥬 헬(프) 미 (을)리프(트) 디스 박스

❶ 부탁 하나 들어주시겠어요?
❷ 제 부탁 하나만 들어주세요.
❸ 물론이지요.
❹ 죄송하지만 안 되겠네요.
❺ 죄송합니다만 제가 지금 바빠서요.
❻ 저 좀 도와주시겠어요?
❼ 저 좀 도와주세요.
❽ 도와드릴까요?
❾ 이것 좀 도와주시겠어요?
❿ 이 상자 드는 것 좀 도와주시겠어요?

단 어 장

Would ~할 것이다(조동사 will)의 과거형 | favor 호의 | do + 사람 + a favor ~의 부탁을 들어주다 | sure 물론 | of course 물론 | certainly 확실히 | with ~을 가지고 | pleasure 기쁨 | can't ~할 수 없다 | busy 바쁜 | right 바로 | now 지금 | want 원하다 | hand 도움, 손 | lift 들다 | this 이(것) | box 상자

활 용 연 습

우 쥬 플리이즈 헬프 미
Would you please help me? 저 좀 도와주시겠어요?

쿠
Could 저 좀 도와줄 수 있으세요?

캔 뉴
Can 나 좀 도와줄 수 있니?

우 쥬 헬프 미 (을)리프트 디스 박스
Would you help me lift this box?

캐뤼 디이즈 배액스
carry these bags?

화인(드) 디스 애드레스
find this address?

이 상자 드는 것 좀 도와주시겠어요?
이 가방들 옮기는 것 좀 도와주시겠어요?
이 주소 찾는 것 좀 도와주시겠어요?

✘ 회화연습

1)

^{쿠 쥬 두 미 어 훼이버}
Sooji: Could you do me a favor?
수지: 좀 도와주실 수 있으세요?

^{위(드) 플레져}
Man: With pleasure.
남자: 그럼요.

2)

^{캔 뉴 헬프 미 두 더 디쉬스}
Hani: Can you help me do the dishes?
하니: 설거지하는 것 좀 도와줄 수 있니?

^{아임 쏘뤼이 아임 비지 롸잇 나우}
Jihoon: I'm sorry, I'm busy right now.
지훈: 미안해. 지금 내가 바빠서 말이야.

✘ 알아두셔요~!

'pleasure'는 '기쁨'이라는 뜻입니다. 'with pleasure'를 그대로 풀어 보면 '기쁨을 가지고 (도와드리지요).'라는 뜻이므로, 그 누군가 부탁을 했을 때 이왕이면 이렇게 말하면서 기쁜 마음으로 도움을 준다면 분명 상대방은 더더욱 감사해할 것입니다.

11. 허락, 명령
(Permission & Order)

: 우리는 '어떻게 말해야 허락을 얻을 수 있을까?' 하는 것을 종종 고민합니다. 이번 단원에서는 허락을 구하는 방법과 지시, 명령하는 표현방법에 대해 알아보겠습니다.

이즈 이 로우 케이 터 유우즈 유어 폰
❶ Is it O.K. to use your phone?

쿠 쥬 패쓰 미 더 썰(트)
❷ Could you pass me the salt?

두 유 마이 니프 아이 스모욱(크)
❸ Do you mind if I smoke?

예스 아이 두우 (마인(드))
❹ Yes, I do (mind).

노우 고우 어헷
❺ No. Go ahead.

노우 나 래 럴 썰튼리 낫
❻ No, not at all. /Certainly not.

❼ Give me my money back.
김 미 마이 머니 배액

❽ Keep your promise.
키 퓨어 프러미스

❾ Turn off the light.
터 너프 더 (을)라잇

❿ Turn down the volume!
턴 다운 더 벌류음

❶ 전화 좀 써도 괜찮겠습니까?

❷ 소금 좀 건네주시겠어요?

❸ 담배 좀 피우면 안될까요?

❹ 네, 안 되겠네요.

❺ 아니오. (괜찮습니다) 피세요.: (허락하는 거라면 No라고 해야합니다.)

❻ 천만에요.

❼ 내 돈 돌려줘.

❽ 약속을 지켜라.

❾ 불 좀 꺼라.

❿ 소리 좀 줄여!

단어장

use 사용하다 | phone 전화 | could ~할 수 있다(조동사 can)의 과거형 | pass 건네다 | salt 소금 | mind 꺼리다 | if 만약 ~ 한다면 | smoke 담배 피다 | go 가다 | ahead 앞으로 | go ahead 자, 어서 (하세요) | money 돈 | back 되돌려서, 뒤 | keep 지키다 | your 당신 (you)의 소유격 | promise 약속 | turn 돌다 | turn off 끄다 | light 불 | turn down 줄이다 | volume 볼륨, 소리

활용연습

쿠 쥬 패쓰 미 더   썰(트)
Could you pass me the   salt?

부욱
book?

펜
pen?

소금 좀 건네주시겠어요?
책 좀 건네주시겠어요?
펜 좀 건네주시겠어요?

두 유 마이 니프 아이   스모욱(크)
Do you mind if I   smoke?

오우픈 더 윈도우
open the window?

씻 바이 유
sit by you?

담배 좀 피우면 안될까요?
창문 좀 열면 안될까요?
옆에 좀 앉으면 안될까요?

✖ 회화연습

1)

쿠 쥬 패쓰 미 더 썰(트)
Sooji: Could you pass me the salt?
수지: 소금 좀 건네주시겠어요?

슈어- 히어 리 리즈
Mrs. Brown: Sure. Here it is.
브라운 부인: 물론이지요. 여기 있습니다.

2)

두 유 마이 니프 아이 씻 히어-
Woman: Do you mind if I sit here?
부인: 여기 좀 앉으면 안 될까요?

노우 고우 어헷
Jihoon: No. Go ahead.
지훈: 아니오. (괜찮습니다) 앉으세요.

✖ 슬랭 Slang

Thanks for nothing.
(가만히 있는 게 도와주는 거예요.)
보통 'thanks for'는 (좋은 일에) 감사할 때 쓰게 되는데, 뒤에
'nothing'이 와서 '아무것도 아닌 듯 있어주면 고맙겠구나.' 즉, '가
만히 있는 게 도와주는 거야.' 라는 뜻으로 쓰입니다.

예문) Thanks for nothing.
(가만히 있는 게 도와주는 거야.)

12. 제안 (**Suggestions**)

: '부드러운 명령'인 '제안'은 교양 있는 사람들의 표현입니다. 굳이 어려운 단어를 쓰지 않아도 품위 있는 외국어는 얼마든지 구사할 수 있습니다. 이번 단원에서는 '제안'의 다양한 표현방법을 익혀보세요.

❶ How about buying this sweater for his present?
하우 어바웃 바잉 디(스) 스웨러 포 리스 프레전(트)

❷ Let's go shopping.
(을)렛츠 고우 샤핑

❸ Would you like some water?
우 쥬 라익 썸 워러

❹ Would you like to go shopping with me?
우 쥬 (을)라익 터 고우 샤핑 위드 미

❺ Well, maybe some other time.
웰 메이비 써 마더 타임

^{넥쓰(트)} ^{타임}
❻ Next time.

^{아임} ^나 ^린 ^더 ^{무드}
❼ I'm not in the mood.

^{아이} ^{도운} ^필 ^{라이} ^킷
❽ I don't feel like it.

^쉘 ^위 ^{댄(스)}
❾ Shall we dance?

^{와이} ^돈 ^츄 ^{츄라이} ^{디쓰} ^언
❿ Why don't you try this on?

---

❶ 그 사람 선물로 스웨터를 사 주는 게 어떨까?

❷ 쇼핑 가자.

❸ 물 좀 드시겠어요?

❹ 저와 같이 쇼핑 가시겠습니까?

❺ 글쎄요, 다음 기회에 하지요.

❻ 다음 기회에 하지요.

❼ 그럴 기분이 아닙니다.

❽ 그럴 기분이 아닙니다.

❾ 춤추시겠어요? ('Shall we dance?'라는 영화에서처럼 'shall'은 제안할 때에 쓰일 수도 있습니다.)

❿ 한 번 입어보지 그래요?

단 어 장

how about ~는 어때 | buying 사다(buy)의 진행형 | sweater 스웨터 | his 그(he)의 소유격 | present 선물 | let's (우리) ~하자 | go 가다 | shopping 쇼핑 | some 조금의 | water 물 | with ~와 함께 | well 글쎄요 | maybe 아마도 | other 다른 | time 시간 | next 다음의 | mood 분위기 | feel like ~을 하고 싶다 | shall (1인칭 주어를 동반하는 의문문에서) ~할까요? | dance 춤추다 | why 왜 | try 시도하다 | try on 입다

활 용 연 습

(을)렛츠 고우 샤핑
Let's go shopping. 쇼핑 가자.

테이 커 브뤠익
take a break. 좀 쉬자.

댄스
dance. 춤추자.

쉘 위 댄스
Shall we dance? 춤추시겠어요?

고우 샤핑
go shopping? 쇼핑하시겠어요?

테이 커 브뤠익
take a break? 휴식을 취하시겠어요?

1)

^{우 쥬   라익   썸   커피}
Mrs. Baker: Would you like some coffee?
베이커 부인: 커피 좀 드시겠어요?

^{노우   땡   큐}
Sooji: No, thank you.
수지: 아니오, 괜찮습니다.

2)

^{우 줄   라익 터 햅   (을)런(치)}
Mrs. White: Would you like to have lunch?
화이트 부인: 점심 식사 하실래요?

^{예(스) 아이들 러브   터}
Jihoon: Yes, I'd love to.
지훈: 네, 기꺼이 그러지요.

✖ 알아두세요~!

제안을 거절 할 때, 아니라는 뜻을 너무 강조하다보면 'no' 라고만 말하는 경우가 있습니다. 그럴 땐 제의를 한 상대방이 상당히 무안해지므로, 사양할 때엔 'No, thank you.' 라는 말이 자연스레 나올 수 있도록 연습합시다.

13. 충고 (**Advice**)

: 좋은 충고도 어떻게 말하느냐에 따라 상대방이 감사하게 받아들일 수도, 또는 기분 나쁘게 받아들일 수도 있습니다. 이번 단원에서는 예의를 갖춘 정중한 충고에서부터 따끔한 충고까지의 다양한 표현을 알아보겠습니다.

유　베러　스땁　(을)루징　웨잇
❶ You'd better stop losing weight.

유　숫　스땁　스모킹
❷ You should stop smoking.

아을　씨어뤼어슬리　테이　큐어　어드바이스
❸ I'll seriously take your advice.

유　숫　뤼이드　모어　부욱스
❹ You should read more books.

아이　씽(크)　유어　롸잇
❺ I think you're right.

메이비　아이　숫　두　잇
❻ Maybe I should do it.

^{땡쓰} ^훠 ^{유어} ^{어드바이스}
❼ Thanks for your advice,
^벗 ^{디스} ^{이즈} ^넌 ^{너브} ^{유어} ^{비지니스}
but this is none of your business.

^{이프} ^유 ^돈 ^{테익} ^{마이} ^{어드바이스}
❽ If you don't take my advice,
^{유을} ^비 ^{쏘뤼}
you'll be sorry.(sorry는 여러 가지 뜻)

^유 ^{베러} ^{(을)루즈} ^{웨잇}
❾ You'd better lose weight.

^{와이} ^돈 ^츄 ^{테이} ^커 ^냅
❿ Why don't you take a nap?

❶ 너는 살 빼는 거 그만 하는 게 낫겠다.
❷ 너는 담배를 끊어야 한다.
❸ 진지하게 네 충고를 받아들여 볼께.
❹ 책 좀 더 읽어야겠다.
❺ 내 생각엔 네 말이 맞는것 같다.
❻ 그래야 할 것 같네요.
❼ 충고 고맙지만, 참견하지 마세요.
❽ 내 충고를 받아들이지 않으면 넌 후회할 거다.
❾ 너는 살 좀 빼는 게 낫겠다.
❿ 낮잠 좀 자 보지 그러니?

단어장

better 좋은(better)의 비교급 | stop ~을 멈추다 | stop ~ing ~하기를 멈추다 | lose 잃다 | lose weight 몸무게를 빼다 | should ~해야한다 | seriously 진지하게 | take 받아들이다 | advice 충고 | read 읽다 | more 더 많은 | books 책(book)의 복수형 | think 생각하다 | right 옳은 | maybe 아마도 | none 아무도 ~않다 | business 일, 사업 | if 만약 ~한다면 | sorry 유감의, 후회하는 | why don't you~ ~해 보지 그러니? | take a nap 낮잠 자다

활용연습

유　　　베러　　(을)루즈　　웨잇
You'd better lose weight. 넌 살 좀 빼야겠다.

씨　어　　닥터-
see a doctor. 넌 병원 좀 가봐야겠다.

스터디　　매앳(쓰)
study math. 넌 수학 공부 좀 해야겠다.

유　　　베러　　스땁　　　　　스모우킹
You'd better stop　　smoking.

드링킹
drinking.

스킵핑　　클래애씨(스)
skipping classes.

넌 담배 좀 그만 피어야겠다.
넌 술 좀 그만 마셔야겠다.
넌 수업 좀 그만 빠져야겠다.

1)

유 베러 스땁 (을)루징 웨잇
Sooji: You'd better stop losing weight.

수지: 너 살 빼는 거 그만 하는 게 낫겠어.

아울 씨어뤼어슬리 테이 큐어 어드바이스
Susan: I'll seriously take your advice.

수잔: 진지하게 네 충고를 받아들여 볼께.

2)

율 루욱 패일
Jihoon: You look pale.

와이 돈 츄 씨 어 닥터
　　　　 Why don't you see a doctor?

지훈: 안색이 창백한데. 병원 좀 가보지 그러니?

메이비 아이 슛 두 잇
Jungsoo: Maybe I should do it.

정수: 그래야 할까봐.

누군가가 당신 일에 '이래라 저래라' 사사건건 참견한다면, 'Never mind. It's N. O. Y. B.'라고 얘기하면됩니다. 'N. O. Y. B.'는 'None Of Your Business.'를 말하며, 위의 문장은 '신경 꺼. 네 일도 아니니까.' 라는 뜻입니다.

14. 되묻기 (**Asking Again**)

: 상대방의 말을 제대로 이해하지 못한 채 고개만 끄덕인다면 곤란한 경우를 당하게 됩니다. 못 알아들었다면 예의를 갖추어 다시 한번 물어 보십시오.

❶ Pardon (me)?
파든 (미)

❷ May I beg your pardon?
메이 아이 벵 유어 파든

❸ Could you say that again?
쿠 쥬 쎄이 대 러겐

❹ Could you speak slowly?
쿠 쥬 스삑 슬로울리

❺ Would you speak a little louder?
우 쥬 스삑 어 리를 (을)라우더

❻ Louder, please.
(을)라우더 플리이즈

❼ Could you repeat that?
쿠 쥬 리피잇 댓

❽ Could you please slow down a little?
쿠 쥬 플리이(즈) 슬로우 다운 어 리를

❾ What do you mean by that?
와 루 유 미인 바이 댓

❿ Could you spell it for me, please?
쿠 쥬 스펠 릿 훠 미 플리이즈

❶ 뭐라고요?

❷ 뭐라고 그러셨지요?

❸ 다시 한 번 말씀해 주시겠어요?

❹ 천천히 말씀해 주시겠어요?

❺ 좀 크게 말씀해 주시겠어요?

❻ 좀 크게 말씀해 주세요.

❼ 다시 한 번 말씀해 주시겠어요?

❽ 조금만 천천히 말씀해 주시겠어요?

❾ 그게 무슨 뜻이죠?

❿ 철자를 좀 알려주시겠어요? (=스펠링이 어떻게 되지요?)

단어장

pardon 용서 | beg 구걸하다 | say 말하다 | that 그것 | again 다시 |
speak 연설하다 | slowly 천천히 | little 조금 | louder (소리가) 큰
(loud)의 비교급 | repeat 다시 하다 | slow down 늦추다 | a little 조
금 | What 무엇이, 무엇을 | mean 의미하다 | by ~을 가지고 | spell
철자를 대다

활용연습

쿠   쥬   스삑
Could you speak

슬로올리
slowly?

라우들리
loudly?

클리얼리
clearly?

천천히 말씀해 주시겠어요?
크게 말씀해 주시겠어요?
또박또박 말씀해 주시겠어요?

우   쥬   스삑   어   리를
Would you speak a little

(을)라우더
louder?

슬로우어-
slower?

클리어러-
clearer?

좀 크게 말씀해 주시겠어요?
좀 천천히 말씀해 주시겠어요?
좀 또박또박 말씀해 주시겠어요?

🎤 회화연습

1)

_{유 캔앤 파 큐어 카 히어}
Clerk: You can't park your car here.
직원: 여기에 주차할 수 없습니다.

_{메이 아이 벵 유어 파든}
Sooji: May I beg your pardon?
수지: 뭐라고 하셨지요?

2)

_{아이들 라익 터 오더 러 빙 매액}
Jihoon: I'd like to order a Big Mac,
_{라아지 후라이스 애 너 미디엄 코욱 플리이즈}
large fries and a medium coke, please?
지훈: 빅맥 햄버거 한 개와 감자튀김 큰 것,
그리고 중간 크기의 콜라 하나 주세요.

_{쿠 쥬 쎄이 대 러겐}
Clerk: Could you say that again?
점원: 다시 한 번 말씀해 주시겠어요?

🎤 슬랭 Slang

ear for music (음악에 타고난 재능이 있는)
누구나 귀는 가지고 있게 마련이지만, '음악을 위한 귀'라니....? 'ear for music'은 음악에 타고난 재능이 있는 경우에 쓰입니다.

예문) Your child really has an ear for music.
(댁의 자제 분은 음악에 천부적인 재능이 있어요.)

15. 이해 (**Understanding**)

: 상대방과 이야기하면서 그가 자신의 말을 제대로 이해하고 있는지를 적절하게 체크하는 것은 좋은 대화술이라 할 수 있습니다. 이번 단원에서는 상대방이 대화의 내용을 이해하는 지 묻거나, 그 경우에 대한 올바른 대답의 표현 방법에 대해 알아보도록 하겠습니다.

　　　두　　유　　　언더스탠　　　댓
❶ Do you understand that?

　　　아　유　　　팔로윙　　　미
❷ Are you following me?

　　아이　 땅(크)　아임　(을)러스트
❸ I think I'm lost.

　　　두　유　　노우　　와 라이 미인
❹ Do you know what I mean?

　아이 게에(스) 아이 노우　어 리를　빗
❺ I guess I know a little bit.

　　아임　　낫　슈어
❻ I'm not sure.

아이 돈 언더스태앤(드)
7 I don't understand.

아이 해브 노우 아이디어
8 I have no idea.

잇 더즈 낫 메익 쎈스
9 It does not make sense.

잇츠 (얼) 그뤼익 터 미
10 It's (all) Greek to me.

1 이해하시겠습니까?

2 제 말 뜻을 이해하고 있으신가요?

3 제대로 잘 모르고 있는 것 같아요.

4 내 말뜻을 알겠니?

5 조금은 아는 것 같아.

6 확실치 않아.

7 이해가 안 돼.

8 무슨 말인지 모르겠어.

9 말도 안 돼.

10 뭐가 뭔지 하나도 모르겠다.

단어장

understand 이해하다 | following 따라오다(follow)의 진행형 | think 생각하다 | lost 길을 잃다(lose)의 과거형 | what 무엇 | mean 의미하다 | guess 추측하다 | a little bit 조금 | sure 확실한 | idea 생각 | make sense 말이 된다 | Greek 그리스어

활용연습

두 유 노우 와 라이 미인
Do you know what   I mean?

왓 쉬 미인(스)
she means?

왓 미스터 심슨 미인(스)
Mr.Simpson means?

내가 뭐라고 하는 건 지 알겠니?
그녀가 뭐라고 하는 건 지 알겠니?
심슨씨께서 뭐라고 하시는 건 지 알겠니?

아임 낫 슈어-
I'm not   sure.   확실치 않다.

파지리브
positive.   확신할 수 없다.

컨피던(트)
confident.   자신이 없다.

1)

두 유 노우 와 라이 미인
Susan: Do you know what I mean?
수잔: 내 말뜻을 알겠니?

아이 게스 아이 노우 어 리를 빗
Sooji: I guess I know a little bit.
수지: 조금 아는 것 같긴 해.

2)

아 유 팔로윙 미
Mr. An: Are you following me?
안선생: 무슨 말인 지 아시겠죠?

잇츠 (얼) 그뤼익 터 미
Jihoon: It's (all) Greek to me.
지훈: 뭐가 뭔지 하나도 모르겠어요.

알아두서요~!

'(당신의 이해를 돕기 위해) 참고로'라는 뜻의 'for your information'은 약자로 'F. Y. I.'라고 합니다.

예문) F. Y. I., she's married.
    (참고로 말하자면, 그 여잔 결혼했네.)

16. 견해 (**Opinions**)

: 동양인들은 자신의 의견을 잘 드러내지 않는 경향이 있습니다. 필요한 곳에서 자신의 의견을 또박또박 표현할 수 있다는 것은 그 사람의 능력을 평가하는 요소가 될 수도 있습니다. 자신의 견해를 당당하게 펼쳐 보이는 표현법에 대해 공부해보겠습니다.

왓츠   유어   어피니언
❶ What's your opinion?

아임   위드   유
❷ I'm with you.

아이   띵(크)   쏘   투우
❸ I think so, too.

아이 어그뤼이 위드   유
❹ I agree with you.

아이 어그뤼 위드   유어   어피니언
❺ I agree with your opinion.

아이   앱썰룻틀리   어그뤼이
❻ I absolutely agree!

^{댓츠 어 그 라이디어}
7 That's a good idea.

^{잇츠 업 투 유}
8 It's up to you.

^{아이 돈 띵 쏘}
9 I don't think so.

^{아임 어겐스 팃}
10 I'm against it.

1 당신의 의견은 무엇입니까?

2 동의합니다.

3 저도 그렇게 생각해요.

4 동의합니다. (사람)

5 당신의 의견에 동의합니다. (사안, 사물)

6 전적으로 동의합니다!

7 좋은 생각이야.

8 당신 마음에 달렸지요.

9 전 그렇게 생각하지 않는데요.

10 그것에 반대합니다.

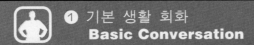
💢 단어장

opinion 의견 | with ~와 함께 | so 그렇게 | too 또한 | agree 동의하다 | agree with + 사람 , agree to + 사물 ~에 동의하다 | absolutely 절대적으로 | be up to ~에 달린 | against ~에 반대하여

💢 활용연습

아이　　앱썰룻틀리　　　어그뤼이
I　absolutely　agree! 　전적으로 동의합니다!

　　　　호올헐티덜리
wholeheartedly 　　진심으로 동의합니다!

　　　　스트롱리
strongly 　　　　　강력하게 동의합니다!

아이 어그뤼 터　　유어　어피니언
I agree to　　your opinion.

　　　　더　　프로포우절
the proposal.

　　　　히즈　아이디어
his idea.

나는 당신의 의견에 찬성합니다.
나는 그 제안에 찬성합니다.
나는 그의 생각에 찬성합니다.

회화연습

1)

아이 띵(크) 히즈 더 베스트 피애니스(트) 에버-
Sooji: I think he's the best pianist ever.
수지: 그는 최고의 피아니스트라고 생각해.

아임 위드 유
Susan: I'm with you.
수잔: 나도 그렇게 생각해.

2)

아이 돈 띵(크) 아이 큰 두 잇
Jungsoo: I don't think I can do it.
정수: 난 할 수 없을 것 같아.

잇츠 토틀리 업 투 유
Jihoon: It's totally up to you.
지훈: 그야 전적으로 너 하기에 달렸지.

알아두셔요~!

'꿈깨!'를 영어로 하면...? 'Break your dream.'이 아니라 'Wake up!' 입니다. 덧붙여 '가당치도 않아.'라는 말은 'When pigs fly.', 'In your dream.' 이라고 합니다.

17. 긍정적, 부정적 반응
(**Positive & Negative Responses**)

: 대화라는 것은 기본적으로 'feed back' (주고 받기)이 되어야 합니다. 이번 단원에서는 물음에 대한 적절한 긍정적, 부정적 반응들에 대해 알아봅니다. 특히 주의해야 할 부분은 '부정의문문'에 대한 대답입니다. 이번 단원에서 충분히 연습하시길 바랍니다.

<small>아 유 코뤼언</small>
❶ Are you Korean?

<small>예쓰 아이 앰 노우 아이 앰 낫</small>
- **Yes, I am. / No, I am not.**

<small>안 츄 코리언</small>
❷ Aren't you Korean?

<small>예쓰 아이 앰 노우 아이 앰 낫</small>
- **Yes, I am. / No, I am not.**

<small>유 아안 코뤼언 아 유</small>
❸ You aren't Korean, are you?

<small>예쓰 아이 앰</small>
- **Yes, I am.**

두 유 (을)라익 스위밍
❹ Do you like swimming?

예쓰 아이 두 노우 아이 도운(트)
- Yes, I do. / No, I don't.

캐 뉴 스키이
❺ Can you ski?

예쓰 아이 캔 노우 아이 캐앤(트)
- Yes, I can. / No, I can't.

해 뷰 비인 터 버어스턴
❻ Have you been to Boston?

예쓰 아이(브) 비인 데어 원쓰
- Yes, I've been there once.

노우 아이 해븐(트)
- No, I haven't.

---

❶ 한국사람 이세요?
- 네, 한국사람이에요. / 아니오, 한국사람이 아니에요.
❷ 한국 사람이 아니신가요?
- 아니오, 한국사람이에요. / 네, 한국 사람이 아니에요.
❸ 한국 사람이 아니시지요?
- 아니오, 한국사람이에요.
❹ 수영 좋아하세요?
- 네, 좋아해요. / 아니오, 좋아하지 않아요.
❺ 스키탈 줄 아세요?
- 네, 탈 줄 알아요. / 아니오, 탈 줄 몰라요.
❻ 보스톤에 가본 적 있으세요?
- 네, 한 번 가 봤어요. / 아니오, 가본 적 없어요.

❶ 기본 생활 회화
Basic Conversation

❊ 단어장

Korean 한국인, 한국어 | Aren't ~이다(be동사 are)의 부정형 |
swimming 수영 | don't 하다(do)의 부정형 | ski 스키 타다 | have
been to ~에 가본 적이 있다 | Boston 보스톤 | there 거기에 | once
한 번 | haven't ~했었다(조동사 have)의 부정형

❊ 활용연습

이번 과에서는 부정의문문에 대해 중점적으로 연습해 봅시다. 다음의 활용
예문들을 자신의 상황에 맞춰 연습해 보세요.

안 츄 코뤼언 - 예쓰 아이 앰
Aren't you   Korean? -Yes, I am.

잽패니-즈 노우 아이 앰 낫
Japanese? -No, I am not.

어메뤼컨 - 노우 아이 앰 낫
American? -No, I am not.

한국 사람이 아니신가요? - 아니오, 한국사람이에요.
일본 사람이 아니신가요? - 네, 일본사람이 아니에요.
미국 사람이 아니신가요? - 네, 미국사람이 아니에요.

유 아안 코뤼언 아 유 예쓰 아이 앰
You aren't Korean, are you? -Yes, I am.

잽패니-즈 노우 아임 낫
Japanese,   -No, I'm not.

어메뤼컨 노우 아임 낫
American,   -No, I'm not.

한국 사람이 아니시지요? - 아니오, 한국사람이에요.
일본 사람이 아니시지요? - 네, 일본사람 아니에요.
미국 사람이 아니시지요? - 네, 미국사람 아니에요.

🏃 회화연습

1)

돈   츄   워너   씨 어 무비
Susan: Don't you wanna see a movie?
수잔: 영화 안 볼래?

예(쓰) (아이 원 터)
Sooji: Yes, (I want to).
수지: 아니, 볼래.

2)

아안   츄   헝그뤼
Jihoon: Aren't you hungry?
지훈: 배고프지 않니?

노우   (아임   낫 헝그뤼)
Jungsoo: No, (I'm not hungry).
정수: 응, 배 안 고파.

🏃 알아두서요~!

우리나라 사람들이 많이 힘들어하는 부분이 부정의문문인데, 실상 연습만 주의 깊게 하면 의외로 쉽게 느껴질 수 있는 부분입니다. 우리나라말로 '네'이면 'No'이고 '아니오'이면 'Yes'라는 식으로 생각하지 말고 부정의문문을 긍정의문문과 똑같다고 생각해 봅시다. 즉, 'Aren't you Korean?'은 'Are you Korean?'과 같다고 말입니다. 그러면, 긍정적인 답은 당연히 'Yes, (I am).'이 나오게 될 것입니다. (바로 이것이 미국식으로의 사고의 전환입니다.)

18. 물건 빌리기
(Borrowing Things)

: '빌리다' 와 '빌려주다' 는 엄연히 다른 뜻임에도 불구하고, 많은 사람들은 'borrow' 와 'lend' 를 혼동하여 쓰고 있습니다. 이번 단원에는 물건을 빌릴 때의 다양한 표현 방법들을 정리해 보았습니다.

❶ 쿠 라이 유즈 유어 카아 디쓰 썬데이
Could I use your car this Sunday?

❷ 쿠 쥬 렌 미 썸 머니
Could you lend me some money?

❸ 메이 아이 유즈 유어 배애쓰루움
May I use your bathroom?

❹ 캐 나이 바로우 썸 씨디(스)
Can I borrow some CDs?

❺ 하우 매니 두 유 니이(드)
How many do you need?

테익 깨즈 매니 애즈 유 원(트)
❻ Take as many as you want.

쿠 라이 바로우 썸 슈거
❼ Could I borrow some sugar?

하우 머치 두 유 니이(드)
❽ How much do you need?

히어 리 리(즈)
❾ Here it is.

이즈 이 로우 케이 터 유즈 유어 포온
❿ Is it O.K. to use your phone?

❶ 이번 주 일요일에 차 좀 써도 되겠습니까?

❷ 돈 좀 꿔 주시겠어요?

❸ 화장실 좀 써도 될까요?

❹ CD 좀 빌려가도 되겠니? : 'borrow'는 (이동 가능한 것을) 빌릴 때 쓰입니다. 따라서 화장실 등을 쓰고자 할 때엔 'borrow'를 사용하지 않고 'use'를 써야합니다.

❺ 몇 개나 필요하신 데요? (셀 수 있는 명사)

❻ 필요한 만큼 다 가지고 가세요.

❼ 설탕 좀 빌려가도 될까요?

❽ 얼마나 필요하신 데요? (셀 수 없는 명사)

❾ 여기 있어요.

❿ 전화 좀 써도 될까요?

☀ 단어장

car 자동차 | this 이번 | Sunday 일요일 | lend 빌려주다 | may ~해도 좋다(조동사) | use 사용하다 | bathroom 화장실 | borrow 빌리다 | CDs Compact Disc(CD)의 복수형 | how many + 셀 수 있는 명사 얼마나 많이 | need 필요로 하다 | take 취하다 | as many as 많이 | want 원하다 | sugar 설탕 | how much + 셀 수 없는 명사 얼마나 많이 | here 여기에 | phone 전화

☀ 활용연습

메이 아이 유즈 유어 　　　배애쓰루움
May I use your bathroom?　화장실 좀 써도 될까요?

　　　　　　　　　　펜
　　　　　　　　pen?　　　　펜 좀 써도 될까요?

　　　　　　　　　　포온
　　　　　　　　phone?　　전화 좀 써도 될까요?

캐 나이 바로우 썸 　　　씨디(스)
Can I borrow some　CDs?

　　　　　　　　　　부욱(스)
　　　　　　　　books?

　　　　　　　　커셋 테입(스)
　　　　　cassette tapes?

CD 좀 빌려가도 되겠니?
책 좀 빌려가도 되겠니?
카세트 테이프 좀 빌려가도 되겠니?

회화연습

1)

메이 아이 유즈 유어 배애쓰루움
Sooji: May I use your bathroom?
수지: 화장실 좀 써도 될까요?

슈어- 플리이즈 롸잇 디스 웨이
Mrs. Brown: Sure. Please, right this way.
브라운 부인: 그럼요. 이 쪽으로 오세요.

2)

캐 나이 바로우 썸 펜쓸(스)
Jungha: Can I borrow some pencils?
정하: 연필 좀 빌려가도 되겠니?

하우 매니 두 유 니이(드)
Jihoon: How many do you need?
지훈: 몇 개나 필요한데?

저스 터 퓨우
Jungha: Just a few.
정하: 두 세 개만.

슬랭 Slang

heart-to-heart (솔직하고 진실한 토론)
'마음에서 마음까지...' 뭔가 찡한 게 느껴지지 않습니까?! 'heart-to-heart' 는 마음이 통할만큼 솔직하고 진실한 토론을 뜻합니다.

예문) 'Honey, we need to have a heart-to-heart.'
(여보, 우리에겐 솔직하고 진실한 토론이 필요해요.)

19. 날씨 (**Weather**)

: 서먹서먹한 분위기를 바꾸기 위해서 하는 말이나 게임, 춤 등을 'ice breaker'라고 하며 이때 날씨만큼 좋은 대화소재는 없을 것입니다. 날씨에 관한 기본 표현들을 충분히 익혀 처음 만나는 사람들과의 첫 대면을 자연스럽게 풀어 보십시오.

하우 이즈 더   웨더   터데이
❶ How is the weather today?

잇츠   핫
❷ It's hot.

잇츠   윈디
❸ It's windy.

잇츠   스노윙
❹ It's snowing.

왓츠   더   포케스트   휘   터데이
❺ What's the forecast for today?

하우   코올(드) 이즈 잇   터데이
❻ How cold is it today?

❼ 하우   더즈   더   스까이 (을)루욱
How does the sky look?

❽ 잇   (을)룩스 (을)라익   뤠인
It's looks like rain.

❾ 잇츠   뤠이닝   캣츠   앤   덕(스)
It's raining cats and dogs.

❿ 더   웨더   리스   췌인저블   디이즈   데이즈
The weather is changeable these days.

❶ 오늘 날씨가 어때요?

❷ 덥습니다.

❸ 바람이 붑니다.

❹ 눈이 내리고 있어요.

❺ 오늘 일기예보는 어떻습니까?

❻ 오늘 얼마나 춥습니까?

❼ 하늘이 어떤 것 같아요?

❽ 비 올 것처럼 보이는 데요.

❾ 비가 억수같이 퍼부어요.

❿ 요즘은 날씨가 변덕스럽습니다.

🦋 단어장

weather 날씨 | today 오늘 | hot 더운 | windy 바람 부는 | snowing 눈오다(snow) | forecast 일기예보 | cold 추운 | sky 하늘 | look 보다 | look like ~처럼 보이다 | rain 비 오다, 비 | raining 비 오다(rain) 의 진행형 | It rains cats and dogs 비가 억수같이 퍼붓다 | changeable 바뀔 수 있는 | these days 요즈음

🦋 활용연습

잇츠 **It's**	핫 **hot.**	더워요.
	코올(드) **cold.**	추워요.
	휴미(드) **humid.**	후덥지근해요.
잇츠 **It's**	윈디 **windy.**	바람이 불어요.
	스노위 **snowy.**	눈이 와요.
	뤠이니 **rainy.**	비가 와요.

1)

하우 이즈 더 웨더 터데이
Mr. Bake: How is the weather today?
베이커: 오늘 날씨가 어때요?

잇츠 나이(스)
Sooji: It's nice.
수지: 화창해요.

2)

왓츠 더 포케스트 휘 터데이
Jihoon: What's the forecast for today?
지훈: 오늘 일기예보는 어떻대?

이를 스노우 디스 애프터-누운
Jungha: It'll snow this afternoon.
정하: 오후에 눈 올 거래.

✖ 슬랭 Slang

'hot' 이라는 단어는 참 여러 가지 뜻으로 쓰입니다. 가장 기본적으로는 '뜨거운' 이라는 뜻으로 쓰이고, 또 '음식이 맵다' 는 뜻으로도 쓰이지만 여기선 'hot' 의 또 다른 뜻, 즉 (여자가 예쁠 뿐더러 쭉쭉 빵빵한 경우에) '죽이는데!' 라는 뜻으로 쓰이는 경우를 소개하고자 합니다. 하긴, 'hot' 의 기본 뜻인 '뜨거운' 에서부터 '다른 사람을 뜨겁게 달굴 정도로 섹시한' 이라는 뜻을 갖게 되는 것은 너무나도 쉽게 유추할 수 있으므로 별다른 설명은 하지 않아도 될 듯 싶군요.
예문) **Tom's new girl friend is hot.**
   (탐의 새 여자친구는 몸매며 얼굴이 끝내 줘.)

20. 시간, 날짜 (**Time & Date**)

: 날짜와 시간에 대한 표현은 가장 미리 익혀 두어야 할 기본적인 표현 중 하나입니다. 그러나, 날짜와 시간을 이야기하기 위해선 숫자에 대한 학습이 선행되어야 할 것입니다. 우선 이번 단원에 나와 있는 기본 표현들을 완전히 익힌 후 실생활의 시간 및 날짜로 활용 연습해 보십시오.

왓 타임 이즈 잇 나우
❶ What time is it now?

두 유 해브 더 타임
❷ Do you have the time?

잇츠 쎄브 너클락
❸ It' s seven o' clock.

잇츠 트웰(브) 써리
❹ It' s twelve thirty.

왓 데이 이즈 잇 터데이
❺ What day is it today?

잇츠　　 썬데이
❻ It's Sunday.

와　 리즈 더　 데잇　 터데이
❼ What is the date today?

잇츠　 더　 핍쓰　 어브　 메이
❽ It's the fifth of May.

아이 워즈　 보오　 넌　　 셉템버　 트웬티　 씩(스)
❾ I was born on September twenty-sixth.

더　　 써울　　 오울림픽스　 워　 헬 딘 나인티인 에이리에잇
❿ The Seoul olympics were held in 1988.

❶ 지금 몇 시예요?
❷ 몇 시입니까?(이렇게 말하는 게 우리나라 식으로 '시간 있어요?'는 아니라는 것은 이제 식상한 이야기일 정도입니다.)
❸ 7시입니다.
❹ 12시 30분이에요.
❺ 오늘 무슨 요일이지?
❻ 일요일이에요.
❼ 오늘 며칠이지?
❽ 5월 5일이에요.
❾ 나는 9월 26일에 태어났습니다.
❿ 서울 올림픽은 1988년에 개최되었습니다.

단 어 장

time 시간 | now 지금 | have 가지다 | o'clock 시 | day 날 | date 날짜 | fifth 다섯 번째 | May 5월 | born 아기를 낳다(bear)의 완료형 | be born 태어나다 | September 9월 | Seoul olympic 서울 올림픽 | held 치르다(hold)의 완료형

활 용 연 습

잇츠   트웰브   써리
It's twelve thirty.   12시 30분이에요.

헬(프) 패스(트) 원
half past one.   1시 반이에요.

잇 처 쿼러 터 화이(브)
a quarter to five.   5시 15분전이에요.
                                        (= 4시 45분이에요.)

잇츠   더   핍쓰   어브 메이
It's the fifth of May.   5월 5일이에요.

써-티인쓰   어브   페뷰어리
thirteenth of February.   2월 13일이에요.

트워니   포어-쓰   어브   디셈버
twenty fourth of December.

                                        12월 24일이에요.

회화연습

1)

왓 타임 이즈 잇 나우
Mr. Bake: What time is it now?

베이커: 몇시에요?

잇 처 쿼러 터 트웰(브)
Sooji: It's a quarter to twelve.

수지: 12시 15분전이에요. (=11시 45분이에요.)

2)

웨 뉴- 유 보온 지훈
Jungha: When were you born, Jihoon?

정하: 지훈아, 넌 언제 태어났니? (=생일이 언제니?)

아이 워즈 보오 넌 쥴라이 트워니 세컨(드)
Jihoon: I was born on July twenty second.

지훈: 나는 7월 22일에 태어났어.

알아두세요~!

전치사는 영원한 숙제입니다. 그러나 적어도 시간에 관한 한 다음의 공식을 염두에 두고 있으면 편리할 것입니다.

기본공식) 연도나 달에는 'in', 날짜나 요일에는 'on', 시간에는 'at' 을 써줍니다. 크기로 보자면 in 〉 on 〉 at 의 순입니다.

예문) She was born in 1972. (연도)
She was born on Friday. (요일)
She was born at midnight. (시간)

21. 전화 (**On the Phone**)

: 전화통화는 상대방의 얼굴을 보지 않은 상태에서 나누는 대화인
만큼 더 많은 주의와 노력이 필요합니다. 전화통화를 할 때 필요한
표현들을 알아보겠습니다.

메이 아이 스삐익 터 수지
❶ May I speak to Sooji?

스삐이킹
❷ Speaking.

후즈 컬링 플리이즈
❸ Who's calling, please?

플리이즈 호울 던
❹ Please hold on.

원 모우먼(트) 플리이즈
❺ One moment, please.

(웃)저스(트) 어 쎄컨(드)
❻ Just a second.

마이 넘버 리즈 파이(브)에잇쓰리이 쓰리이투우파이(브)포어
❼ My number is 583-3254.

우 쥬 (을)라익 터 리이 버 멧씨(쥐)
❽ Would you like to leave a message?

캐 나이 테이 커 멧씨(쥐)
❾ Can I take a message?

유 해브 더 렁 넘버
❿ You have the wrong number.

❶ 수지 좀 바꿔 주시겠어요?
❷ 전 데요.
❸ 누구 신가요?
❹ 끊지 말고 기다리세요.
❺ 잠시만요.
❻ 잠깐만 기다려.
❼ 제 번호는 583-3254입니다.
❽ 메시지 남기시겠어요?
❾ 전할 말씀 있으세요?
❿ 잘못 거셨습니다.

단어장

speak 이야기하다 | speaking 이야기하다(speak)의 진행형 | calling 전화 걸다(call)의 진행형 | hold 잡다 | hold on 기다리다 | moment 순간 | just 단지 | second 초 | number 번호 | leave 남기다 | message 메시지 | leave a message 메시지를 남기다 | take a message 메시지를 받다 | wrong 틀린

활용연습

마이   넘버   리즈
My number is

에잇에잇에잇 쓰리쓰리투오우
888-3320.

화이보우화이(브) 오우화이보우오우
505-0500.

쎄븐씩스나인 원포어쎄븐씩(스)
769-1476.

제 전화번호는 888-3320입니다.
제 전화번호는 505-0500입니다.
제 전화번호는 769-1476입니다.

메이 아이 스삐익 터
May I speak to

미쎄쓰   쎰슨
Mrs. Simpson?

미스터 브라운
Mr. Brown?

쑤전
Susan?

심슨 부인과 통화할 수 있습니까?
브라운 씨와 통화할 수 있습니까?
수잔 좀 바꿔 주시겠어요?

🏃 회화연습

1)

헬로우   디스 이즈 수지   스삐이킹
Sooji: Hello. This is Sooji speaking.
메이 아이 스뻭   터 미스터   죤쓴
　　　　May I speak to Mr. Johnson?

수지: 여보세요. 저는 수지라고 하는데요.
　　　존슨 씨와 통화할 수 있습니까?

스삐이킹
Mr. Johnson: Speaking.

존슨: 전 데요.

2)

이즌   디스 화이(브)포어-화이(브) 나인나인쎄브네잇
Jihoon: Isn' t this 545-9978?

지훈: 거기 545-9978 아닌가요?

아임 어프레이(드) 유   해브   더   렁   넘버
Woman: I' m afraid you have the wrong number.

부인: 전화를 잘못 거신 것 같네요.

🏃 알아두셔요~!

다른 나라말이라고 해서 내 뜻만 전달하면 된다고 생각하지 말고,
예의 바른 대화를 구사할 수 있도록 노력해야 합니다. 예를 들어, 전
화해서 다짜고짜 'Hello. Is Sooji there?' (여보세요? 수지 거기 있어
요?) 라고 말한다면 상대방이 굉장히 불쾌하게 생각할 것입니다. 우
선 자기가 누구인 지 밝히고 나서 'May I speak to Sooji?' (수지와
통화할 수 있을까요?) 등의 표현을 쓰도록 합시다.

22. 약속 (**Appointment**)

: 약속을 잡을 때엔 기본적으로 상대방에 대한 배려가 중요합니다. 이번 단원에서는 상대방을 배려하는 매너 있는 약속방법에 대해 알아보도록 하겠습니다.

아 유 프리 디스 위익켄(드)
❶ Are you free this weekend?

애니띵 플랜(드) 휘 터마로우 나잇
❷ Anything planned for tomorrow night?

나띵 스뻬셜
❸ Nothing special.

웨 니즈 더 모스트 컨비니언(트) 타임
❹ When is the most convenient time
휘 유
for you?

웬 수츠 유 베스트
❺ When suits you best?

6 하우 어바웃 디스 애프터누운
How about this afternoon?

7 애니타임 애프터 투우
Anytime after 2.

8 유 네이 밋
You name it.

9 유 디싸이드 웬
You decide when.

10 캐 나이 씨 유 롸잇 나우
Can I see you right now?

---

1 이번 주말 시간 있으세요?
2 내일 밤 무슨 계획 있어요?
3 특별한 건 없는데요.
4 언제가 당신에게 가장 편한 시간입니까?
5 넌 언제가 가장 적당하니?
6 오늘 오후는 어때요?
7 아무 때이든 2시 이후라면 가능해요.
8 네가 정해.
9 언제 만날지 네가 정해.
10 지금 좀 볼 수 있을까?

🏃 단 어 장

free 한가한 | weekend 주말 | anything 아무것도 | planned 계획을 세우다(plan)의 완료형 | special 특별한 | when 언제 | most 가장 | convenient 편리한 | suit 형편이 좋다, 맞다 | best 좋은(good)의 최상급 | how about~이 어때 | anytime 아무 때든지 | after ~후에 | name 제시하다, 이름을 짓다 | decide 결정하다

🏃 활 용 연 습

유   네이   밋
You name   it.   네가 정해.

유   네임   더   타임
the time.   네가 시간을 정해.

유   네임   더   플레이스
the place.   네가 장소를 정해.

하우   어바웃   디스   애프터누운
How about   this afternoon?

일레븐 에이 엠
11 a.m.?

코엑쓰   머얼
COEX mall?

오늘 오후는 어때요?
오전 11시는 어때요?
코엑스몰에서 만나는게 어때요?

💃 회화연습

1)

애니띵 플랜 휘 터나잇
Susan: Anything planned for tonight?

수잔: 오늘밤 무슨 계획 있어?

나띵 스뻬셜 와이
Sooji: Nothing special. Why?

수지: 특별한 건 없는데. 왜?

(을)렛츠 고우 투 어 나잇 클럽
Susan: Let's go to a night club.

수잔: 우리 나이트 가자.

2)

웨 니즈 더 모스트 컨비니언(트) 타임
Jihoon: When is the most convenient time

휘 유
for you?

지훈: 언제가 가장 편한 시간이십니까?

왓 타임 우 쥬 (을)라익 터 메이 킷 휘
Mr. An: What time would you like to make it for?

안선생: 지훈씨는 몇 시가 좋은데요?

💃 슬랭 Slang

set the date (날짜를 잡다)

'set' 이라는 동사에는 '(제한·규칙 등을) 마련하다, 설정하다' 라는 뜻이 있는데, 날짜를 의미하는 'date' 를 뒤에 붙이면 '(날짜 등을) 결정하다' 라는 뜻을 갖게 됩니다. 거기에 'in stone' 을 붙여주면 '(돌처럼) 단단하게', 즉 '확실히' 라는 의미를 부가시켜 'set the date' 는 '날짜를 잡다' 라는 의미가 되는 것입니다.

예문) Let's set the date in stone. (우리 확실히 날짜 잡자.)

23. 초대 (**Invitation**)

: 남의 집에 초대되었을 때, 또는 대접받는 음식에 대해 찬사를 보내는 것은 방문자의 기본적인 예의입니다. 이번 단원에서는 예의를 갖추고 손님을 초대, 접대할 때 쓰이는 표현과 손님으로서 초대되었을 때 정중함을 갖추어 쓰는 표현들을 학습해보겠습니다.

아이들 라익 터 인바잇 츄 터 디너
❶ I'd like to invite you to dinner
터마아로우
tomorrow.

땡 큐 쏘우 머취 훠 커밍
❷ Thank you so much for coming.

위(브) 비인 익쓰펙팅 유
❸ We've been expecting you.

유어 플레이쓰 이즈 뤼얼리 (을)러블리
❹ Your place is really lovely,
미쎄쓰 브라운
Mrs. Brown.

⑤ Please make yourself at home.

플리이즈　메이　큐어셀(프)　애　톰

⑥ (It) smells good.

(잇)　스멜쓰　그웃

⑦ Please, help yourself.

플리이즈　헬　퓨어셀(프)

⑧ May I have some more rice?

메이 아이 해브　써　모어　라이스

⑨ I'm full.

아임　훌

⑩ Thank you for the wonderful meal.

땡　큐　휘　더　원더풀　미일

---

❶ 내일 저녁식사에 당신을 초대하고 싶습니다.
❷ 와 주셔서 대단히 감사합니다.
❸ 기다리고 있었습니다.
❹ 집이 정말 예쁘네요, 브라운 부인.
❺ 우리 집이다 생각하고 편안하게 계세요.
❻ 냄새가 아주 좋은데.
❼ 마음껏 드세요.
❽ 밥 좀 더 주시겠어요?
❾ 배가 부릅니다. : (full의 'u'를 너무 길게 발음하면 '나는 바보
예요.(I'm a fool.)'로 들릴 수 있으니 주의하세요.)
❿ 훌륭한 음식 정말 감사합니다.

🐜 단어장

invite 초대하다 | dinner 저녁식사 | expecting 기대하다(expect)의
진행형 | place 장소 | lovely 사랑스러운 | yourself 네자신 | smell 냄
새가 나다 | rice 쌀, 밥 | full 꽉 찬 | wonderful 훌륭한 | meal 음식

🐜 활용연습

(잇)	스멜쓰	그웃	
(It)	**smells**	**good.**	맛있는 냄새가 나는데.

	테이스츠	
	tastes	맛이 좋은데.

	(을)루욱쓰	
	looks	맛있어 보이는데.

메이 아이 해브 써 모어-   롸이스
May I have some more   **rice?**

워러
water?

쑤웁
soup?

밥 좀 더 주시겠어요?
물 좀 더 주시겠어요?
수프 좀 더 주시겠어요?

1)

헬 퓨어쎌(프) 터 모어-
Mrs. Baker: Help yourself to more.
베이커 부인: 좀 더 드시겠어요?

노 땡(스) 아임 후울
Sooji: No, thanks. I'm full.
수지: 아니오, 감사합니다. 배가 불러서요.

2)

메이 아이 해(브) 써 모어- 롸이스
Jihoon: May I have some more rice?
지훈: 밥 좀 더 주시겠어요?

슈어- 히어- 유 고우
Mrs. White: Sure, here you go.
화이트 부인: 그럼요, 여기 있습니다.

🎯 알아두셔요~!

우리나라처럼 '잘 먹겠습니다.'와 '잘 먹었습니다.'라는 의미로 'I'
m going to eat well.' 또는 'I ate well.'이라고 하는 경우가 있으나,
이것은 옳은 표현이 아닙니다. 'Thank you for the wonderful meal.'
정도가 적당합니다.

24. 생일 파티 (**Birthday Party**)

: 생일 파티에 가서 "Happy birthday to you!" 밖에 말하지 못한다면 기나긴 파티시간이 지루하게 느껴질 것입니다. "촛불을 끄고 소원을 비세요."라든지 "선물을 열어보세요." 등의 표현 몇 가지 더 익혀둔다면 훨씬 즐거운 파티가 될 것입니다.

쿠   쥬   조인   더   파-리   언   후라이데이
❶ Could you join the party on Friday?

잇 처   버-쓰데이   파-리
❷ It's a birthday party.

디쓰 이즈 어   스멀   기프트   휘   유
❸ This is a small gift for you.

아이 호웁   유   (을)라이 킷
❹ I hope you like it.

오우   하우 나이(스) 아이 (을)라이 킷 베뤼 머취
❺ Oh, how nice! I like it very much.

유   디른   해브 터 두 디스
❻ You didn't have to do this.

메이 아이 어프 닛 나우
❼ May I open it now?

핸피 버-쓰데이 터 유
❽ Happy birthday to you!

메이 커 위쉬 앤 블로우 아웃 더 캔들(스)
❾ Make a wish and blow out the candles.

아이 뤼얼리 인조이 딧
❿ I really enjoyed it.

❶ 금요일 파티에 오실 수 있겠어요?
❷ 생일 파티에요.
❸ 이건 당신께 드리는 작은 선물이에요.
❹ 마음에 드셨으면 좋겠습니다.
❺ 어머, 멋있어라! 너무 맘에 드네요.
❻ 이렇게 하지 않으셔도 되는데.
❼ 지금 열어봐도 될까요?
❽ 생일 축하해요!
❾ 소원을 빌고 촛불을 끄세요.
❿ 정말 즐거웠습니다.

🗡 단 어 장

join 참가하다 | party 파티 | Friday 금요일 | birthday 생일 | small 작은 | gift 선물 | hope 바라다 | very much 굉장히 | open 열다 | make a wish 소원을 빌다 | blow out 불다 | candles 초(candle)의 복수형 | really 정말로 | enjoyed 즐기다(enjoy)의 과거형

🗡 활 용 연 습

잇 처	버-쓰데이	파-리	
It's a	**birthday**	**party.**	생일파티입니다.

	하우쓰워-밍	
	housewarming	집들이파티입니다.

	크리쓰마스	
	Christmas	크리스마스파티입니다.

디쓰 이즈 어	스멀 기프트	휘 유
This is a	**small gift**	**for you.**

	리를 프레전(트)
	little present

	리를 띵
	little thing

이건 당신께 드리는 작은 선물이에요.
이건 당신께 드리는 조그만 선물이에요.
이건 당신께 드리는 아주 작은 거예요.

💃 회화연습

1)

Elma: Could you join the party this weekend?
엘마: 이번 주말 파티에 오실 수 있겠어요?

Sooji: I'm sorry, but I can't.
수지: 미안하지만, 안 되겠어요.

2)

Jihoon: It's time for me to leave.
        I really enjoyed it.
지훈: 이제 갈 시간이 됐네요. 정말 즐거웠습니다.

Mrs. White: I'm so glad you liked it.
화이트 부인: 즐거우셨다니 정말 다행이에요.

💃 슬랭 Slang

party animal (파티를 너무 좋아하는 사람)
파티가 많은 미국에서도 파티라면 사족을 못쓰는 사람을 일컫는 말
이 있습니다. 바로 'party animal'. 얼마나 파티를 좋아하면 인간 취
급(?)도 못 받을까요. 뭐든지 적당히 할 때가 가장 아름다운 법인거
죠.

예문) She's such a party animal.
     (걘 파티라면 사족을 못써.)

25. 휴가 (**Vacation**)

: 휴가를 앞두고 또는 다녀와서는 이야깃거리가 많아지게 마련입니다. 무엇을, 어떻게 물어봐야 할 지에 대해 연습해보겠습니다.

웨 나 유 거나 테익 큐어
❶ When are you gonna take your
베케이션
vacation?

하우 디 쥬 스뺀(드) 쥬어 베케이션
❷ How did you spend your vacation?

웨어 디 쥬 스뺀(드) 쥬어 베케이션
❸ Where did you spend your vacation?

하우 워즈 유어 베케이션
❹ How was your vacation?

아이 투 커 츄립 터 제주 아일랜(드)
❺ I took a trip to Cheju Island.

쉬 이즈 언 베케이션 나우
❻ She is on vacation now.

위 해 라워 베케이션 앳 더 (을)레익
❼ We had our vacation at the lake.

암 거나 써머 랫 해운대
❽ I'm gonna summer at Haeundae.

아이 해(브) 화이브 데이 저프 훠 러 베케이션
❾ I have five days off for a vacation.

아이 뤼턴(드) 호움 후럼 마이 츄립
❿ I returned home from my trip
예스터데이
yesterday.

❶ 언제 휴가를 가지실 거예요?
❷ 어떻게 휴가를 보내셨나요?
❸ 어디에서 휴가를 보내셨어요?
❹ 휴가 어땠어요?
❺ 나는 제주도로 여행했다.
❻ 그녀는 지금 휴가 중이다.
❼ 우리는 호수에서 휴가를 보냈다.
❽ 나는 해운대에서 피서할 거다.
❾ 휴가로 5일 쉽니다.
❿ 나는 어제 여행에서 돌아왔다.

단어장

gonna going to의 구어적인 발음을 철자화 한 말 | vacation 휴가 | spend 지내다 | took 취하다(take)의 과거형 | take a trip 여행가다 | Cheju Island 제주도 | on vacation 휴가중인 | lake 호수 | summer 피서를 하다, 여름 | Haeundae 해운대 | day off (일, 근무를) 쉬고 | returned 돌아오다(return)의 과거형 | home 집으로 | trip 여행 | yesterday 어제

활용연습

쉬이즈   언

She's on

베케이션

vacation

나우

now.

비즈니스   츄립

business trip

허니무운

honeymoon

그녀는 지금 휴가중입니다.
그녀는 지금 출장중입니다.
그녀는 지금 신혼여행중입니다.

아이 투 커 츄립 터

I took a trip to

제주   아일랜(드)

Cheju Island.

저패앤

Japan.

유우럽

Europe.

나는 제주도로 여행했다.
나는 일본으로 여행했다.
나는 유럽으로 여행했다.

1)

아이 투 커 츄립 터   제주   아일랜(드)
Mrs. Brown: I took a trip to Cheju Island

(을)래스트   써머
last summer.

브라운 부인: 지난 여름에 제주도로 여행 갔었어요.

뤼얼리   하우   (을)롱 디 쥬 스테이   데어-
Sooji: Really? How long did you stay there?

수지: 정말이에요? 거기에서 얼마나 계셨어요?

휘   러바우 러 위익
Mrs. Brown: For about a week.

브라운 부인: 대략 일 주일 정도요.

2)

하우   워즈   유어   베케이션
Jihoon: How was your vacation?

지훈: 휴가 어떠셨어요?

이   워즈   환태스틱
Mr. An: It was fantastic.

안선생: 환상적이었어요.

O. T. (초과 근무)

학생들은 'O. T.'라는 소리를 들으면 오리엔테이션이 떠올려져 기분
이 좋아지지만, 직장 생활을 하는 사람들에겐 'O. T.'가 그다지 반
갑지 않을 것입니다. 왜냐하면 'O. T.'는 'Over Time'의 준말, 즉
'초과 근무'를 의미하기 때문입니다.

예문) I put in five hours of O. T. last night.
　　　(어제 다섯시간이나 초과근무를 했지.)

26. 취미 (**Hobbies**)

: 세상이 빨리 바뀌는 만큼 취미도 다양해지고 있습니다. 자신의 취미는 무엇인지 생각해보고 다른 사람들에게 소개할 수 있도록 연습해 보세요.

❶ What's your hobby?
   왓츠   유어   하비

❷ I don't have any particular hobby.
   아이 돈   해브 애니   파티큘러   하비

❸ My hobby's listening to music.
   마이   하비즈   (을)리쓰닝 터 뮤직

❹ What's your favorite music?
   왓츠   유어   훼이버릿   뮤직

❺ I'm fond of classical.
   아임 폰 더브 클래씨칼

❻ Do you collect anything?
   두 유   컬렉(트)   애니띵

와 루 유 컬렉(트)
❼ What do you collect?

아이 컬렉(트) 스태앰스 애즈 어 하비
❽ I collect stamps as a hobby.

와 라 유 인터레스티 딘
❾ What are you interested in?

두 유 블렁 터 어 클럽
❿ Do you belong to a club?

❶ 취미가 뭡니까?
❷ 난 특별한 취미가 없다.
❸ 내 취미는 음악감상이에요.
❹ 어떤 종류의 음악을 좋아하십니까?
❺ 나는 클래식을 너무 좋아합니다.
❻ 뭐 수집하는 거 있으십니까?
❼ 뭘 수집하십니까?
❽ 취미로 우표를 수집합니다.
❾ 무엇에 관심이 있으십니까?
❿ 동아리[클럽]에 속해 있습니까?

단어장

hobby 취미 | particular 특별한 | listening 듣다(listen)의 진행형 | music 음악 | listen to music 음악 감상하다 | favorite 가장 좋아하는 | fond of ~을 좋아하다 | classical 클래식 음악, 고전의 | collect 모으다 | stamps 우표(stamp)의 복수형 | as ~로서 | interested in ~에 관심이 있다 | belong to ~에 속하다 | club 클럽

활용연습

마이　　　　하비즈　　　　　　(을)리쓰닝　　터　　뮤직
My hobby's lïstening to music.

쳇링　　언　디　　　인너-넷
chatting on the internet.

플레잉　　　　싸커-
playing soccer.

내 취미는 음악감상입니다.
내 취미는 인터넷 채팅입니다.
내 취미는 축구를 하는 것입니다.

아이　컬렉(트)　　　　　스태앰(스)　　　　　애즈　어　　하비
I collect stamps as a hobby.

코인(스)
coins

더얼(스)
dolls

취미로 우표를 수집합니다.
취미로 동전을 수집합니다.
취미로 인형을 수집합니다.

🕺 회화연습

1)

두 유 블롱 터 어 클럽
Mrs. Baker: Do you belong to a club?

베이커 부인: 클럽에 속해 있습니까?

아이 애 머 메버 러브 더
Sooji: I am a member of the

컴퓨러 게임 매니아 클럽
'Computer Game Mania Club'.

수지: 저는 '컴퓨터 게임 사랑회'의 회원입니다.

2)

왓츠 유어- 하비
Jihoon: What's your hobby?

지훈: 취미가 뭡니까?

마이 하비 이즈 컬렉팅 엠피쓰리 화일(스)
Mr. An: My hobby is collecting MP3 files.

안선생: 내 취미는 MP3 파일 수집입니다.

🕺 알아두셔요~!

'클래식 음악'은 'Classic Music'이 아니라 'Classical Music'[클래씨컬 뮤직]이 맞습니다. 마찬가지로 일전에 크게 흥행했던 영화, '주라기 공원'의 경우도 'Juraki Park'가 아닌 'Jurassic Park'[쥬라씩 팍]입니다.

27. 여가생활 (**Free Time**)

: 여가시간을 어떻게 보내는 지를 알면 그 사람의 Life Style(생활 방식)을 어느 정도 가늠할 수 있습니다. 이번 단원에서는 유용한 대화의 소재인 여가 생활(Free Time)에 대해 알아보겠습니다.

와　루　유　두　인　뉴어　프리　타임
❶ What do you do in your free time?

와　루　유　두　휘　릴렉쎄이션
❷ What do you do for relaxation?

하우　루　유　스뺀(드)　쥬어　(을)리이져　타임
❸ How do you spend your leisure time?

아이　인죠이　왓칭　티이비이　인　마이　프리　타임
❹ I enjoy watching TV in my free time.

아이　뤼잇　부욱(쓰)　오어　왓취　티이비이
❺ I read books or watch TV.

아이　오픈　고　스위밍
❻ I often go swimming.

왓　카이　너브 스포-츠　두　유　(을)라익
❼ What kind of sports do you like?

왓　카이　너　뮤직　두　유　(을)라익 베스(트)
❽ What kind of music do you like best?

아이　얼웨이(즈)　해(브)　노우　타임　터 륄래액(스)
❾ I always have no time to relax.

아이　스윔　애프터　워억
❿ I swim after work.

❶ 여가시간에 뭘 하십니까?
❷ 여가시간에 무엇을 하십니까?
❸ 여가시간에 뭘 하면서 보내세요?
❹ 여가시간에는 TV를 즐겨봅니다.
❺ 책 읽거나 TV를 봐요.
❻ 자주 수영 하러가요.
❼ 어떤 운동을 좋아하십니까?
❽ 무슨 음악을 제일 좋아하십니까?
❾ 저는 항상 쉴 새 없이 바쁩니다.
❿ 저는 퇴근 후에 수영을 합니다.

✖ 단 어 장

free 자유로운 | free time 여가시간 | relaxation 휴식 | leisure 여가,
레저 | enjoy 즐기다 | watching ~을 보다(watch)의 진행형 | TV
텔레비전 | read 읽다 | books 책(book)의 복수형 | often 자주 |
sports 운동 | always 항상 | relax 휴식을 취하다 | work 일

✖ 활 용 연 습

와 루 유 두 인 뉴어   프리   타임
What do you do in your   free time?

리이져-   타임
leisure time?

스페어-   타임
spare time?

여가시간에 뭘 하십니까?
여가시간에 뭘 하십니까?
여가시간에 뭘 하십니까?

아이 인죠이   왓칭   티비비이   인 마이 프리   타임
I enjoy   watching TV   in my free time.

(을)리쓰닝   터   뮤지 긴
listening to music

플레잉   테니(스)
playing tennis

여가시간에는 TV를 즐겨 봅니다.
여가시간에는 음악감상을 즐겨 합니다.
여가시간에는 테니스를 즐겨 칩니다.

🏃 회화연습

1)

와 루 유 두 인 뉴어 프리 타임
Sooji: What do you do in your free time?
수지: 여가시간에 뭘 하십니까?

아이 플레이 고울(프)
Mrs. Baker: I play golf.
베이커 부인: 골프를 칩니다.

2)

왓 카인 너브 스포-츠 두 유 (을)라익 베스(트)
Mr. An: What kind of sports do you like best?
안선생: 무슨 운동을 제일 좋아하십니까?

아이 (을)라익 베이스벌 베스(트)
Jihoon: I like baseball best.
지훈: 야구를 제일 좋아해요.

🏃 알아두서요~!

형용사 'free'는 '자유로운'이라는 뜻도 가지고 있지만, 그 앞에 명사를 두어 '~가 없는'이라는 뜻도 있습니다. 따라서 'sugar-free'는 '무설탕'의, 'fat-free'는 '기름기 없는', 'tax-free'는 '세금이 없는', 즉 '면세의'라는 뜻이 됩니다.

28. TV 시청 (**Watching TV**)

: "잘 보면 약이 되고 못 보면 독이 된다"는 텔레비전. TV 채널을 돌릴 때나 무슨 프로그램이 있는 지 알고 싶을 때 등의 상황에 쓰이는 표현들을 익혀두면 TV시청이 더욱 즐거워집니다.

❶ 왓츠   언   쭤널   나인   나우
What's on channel 9 now?

❷ 데얼즈   뉴우   선   쭤널   화이(브)
There's news on channel 5.

❸ 왓   팔러우즈   더   뉴우(스)
What follows the news?

❹ 왓츠   언   넥쓰(트)
What's on next?

❺ 아이들   라익   터   쭤인쥐   쭤널(스)
I'd like to change channels.

❻ 스틱   터   원   쭤널
Stick to one channel.

➐ 웨얼스   더   뤼모웃
Where's the remote?

➑ 터   넙   더   벌류움
Turn up the volume.

➒ 왓츠   언   터나잇
What's on tonight?

➓ 플리이즈   어저슷   더   뤠비   리어스
Please adjust the rabbit ears.

❶ 9번애선 지금 뭐 하고 있지요?
❷ 5번에서는 뉴스를 합니다.
❸ 뉴스 다음엔 뭐 하지?
❹ 다음 프로는 뭡니까?
❺ 채널을 바꾸고 싶어요.
❻ (채널 좀 그만 바꾸고) 하나만 봐라.
❼ 리모콘 어디에 있지?
❽ 소리 좀 크게 해라.
❾ 오늘밤엔 뭐 재미있는 것 안 하니?
❿ 안테나 좀 조정해봐.

💥 단어장

channel 채널, 해협, 통로 | news 뉴스 | change 바꾸다 | stick to ~ 에 들러붙다 | remote 리모트컨트롤, (거리가) 먼 | turn up the volume 소리를 크게 하다 | tonight 오늘밤 | adjust 적응시키다 | rabbit ears 텔레비전용 실내 소형 안테나

💥 활용연습

데얼 써 뉴우 썬 쒜널 화이(브)
There's a　news on channel 5.

무비 언 쒜널 써리화이(브)
movie on channel 35.

다큐메너리 언 쒜널 트워니쎄븐
documentary on channel 27.

5번에서는 뉴스를 합니다.
35번에서는 영화를 합니다.
27번에서는 다큐멘터리를 합니다.

왓 팔러우즈 더 뉴우(스)
What follows　the news?

더 게임 쑈우
the game show?

더 쏘웁
the soap?

뉴스 다음엔 뭐 하지?
게임프로 다음엔 뭐 하지?
연속극 다음엔 뭐 하지?

🎋 회 화 연 습

1)

왓츠 언 쉐널 나인 나우
Elma: What's on channel 9 now?
엘마: 9번에선 지금 뭐 하고 있지요?

더 뉴우쓰 이즈 언
Sooji: The news is on.
수지: 뉴스하고 있어요.

2)

왓츠 렁 위 더 티이비이
Jungha: What's wrong with the TV?
정하: TV에 무슨 문제 있는 것 같은데?

플리이즈 어저숫 더 뢔비 리어스
Jihoon: Please adjust the rabbit ears.
지훈: 안테나 좀 조정해봐.

🎋 슬 랭 Slang

Tube (텔레비전)
'tube'는 관, 통 또는 물감이나 치약 등을 일컫지만 또 한 가지 'TV'를 의미하기도 합니다.

예문) What's on the tube? (야, TV에서 뭐 하냐?)

본 교재의 본문은 전체 네개의 파트로 되어 있습니다.

기본 생활 회화 | 유용한 생활 회화 |
Basic Conversation Useful Conversation
여행 기본 회화 | 비지니스 회화 |
Travel Conversation Business Conversation

Useful
Conversation

Part II
유용한 생활 회화
Useful Conversation

+ 유용한 생활 회화

Asking for Directions

2) 유용한 생활 회화 (Useful Conversation)

1. 길 묻기 (Asking for Directions)

: 우리나라를 찾은 외국인에게 길을 가르쳐 주신 적이 있으세요? 자신감과 민간외교가 동시에 이루어지는 경험이죠. 이번 단원에서 연습하게 될 '비장의 표현'들을 이용해 친절을 베풀어주십시오. 여러분의 그 날을 기대해 보겠습니다.

아임　(을)러스(트)
❶ I'm lost.

웨어　레 마이 언　더　맵
❷ Where am I on the map?

아이 머　스트뤠인져　히어　투우
❸ I'm a stranger here, too.

익스큐우즈　미
❹ Excuse me,
벗　웨어 리스 더　니어리스트　배앵(크)
but where is the nearest bank?

❺ 익스큐우즈 미 벗 쿠 쥬 텔 미
Excuse me, but could you tell me
하우 루 겟 투 더 씨리 허얼
how to get to the city hall?

❻ 잇츠 터 더 롸잇 오버 데어
It's to the right over there.

❼ 고우 스트뤠잇 애앤 터언 롸잇 앳 더 츄래픽
Go straight and turn right at the traffic
(을)라잇
light.

❽ 하우 파아 리즈 잇 후럼 히어
How far is it from here?

❾ 잇츠 베뤼 니어 히어
It's very near here.

❿ 플리이즈 팔로우 미이 아을 쇼우 유우
Please follow me. I'll show you.

❶ 길을 잃었어요.
❷ 지도상으로 제가 어디에 있는 건가요?
❸ 저도 여기가 초행길인데요.
❹ 실례지만 이 부근에 은행이 어디에 있습니까?
❺ 실례지만, 시청에 가는 길 좀 가르쳐주시겠어요?
❻ 저기 오른쪽입니다.
❼ 곧장 가시다가 신호등에서 오른쪽으로 도세요.
❽ 여기서 얼마나 멀지요?
❾ 여기서 굉장히 가깝습니다.
❿ 저를 따라오세요. 제가 안내해 드릴게요.

단어장

map 지도 | on the map 지도상에 | stranger 이방인 | nearest 가까운 (near)의 최상급 | bank 은행 | tell 이야기하다 | how to 어떻게 ~ 하는 지 | get to ~에 도달하다 | city hall 시청 | over 거기에 | straight 똑바로 | turn 돌다 | right 오른쪽으로 | traffic light 신호등 | far (거리가) 먼 | near (거리가) 가까운 | show ~에게 ~을 보여 주다

활용연습

익스큐우즈   미
Excuse me,

벗   웨어   리스   더   니어리스트   배앵(크)
but where is the nearest   bank?

써붸이   스테이션
subway station?

와쉬루움
washroom?

실례지만 이 부근에 은행이 어디에 있습니까?
실례지만 이 부근에 전철역이 어디에 있습니까?
실례지만 이 부근에 화장실이 어디에 있습니까?

고우   스트뤠잇   애앤   터언   롸잇   앳   더   츄래픽   (을)라잇
Go straight and turn right at the traffic light.

롸잇   인터쎅션
right   intersection.

(을)레프(트)   츄래픽   (을)라잇
left   traffic light.

곧장 가시다가 신호등에서 오른쪽으로 도세요.
곧장 가시다가 교차로에서 오른쪽으로 도세요.
곧장 가시다가 신호등에서 왼쪽으로 도세요.

🕴 회화연습

1)

익스큐우즈 미 벗 쿠 쥬 텔 미
Sooji: Excuse me, but could you tell me
하우 루 겟 투 더 힐튼 호테엘
how to get to the Hilton hotel?
수지 : 실례지만, 힐튼호텔에 가는 길 좀 가르쳐주시겠어요?

아임 쏘우뤼 아이 돈 노우
Woman: I'm sorry, I don't know.
플리이즈 애스(크) 써뭐 넬(스)
Please ask someone else.
부인 : 죄송하지만 잘 모르겠는데요. 다른 사람에게 물어보세요.

2)

익스큐우즈 미
Man: Excuse me,
벗 웨어 리스 더 니어리스(트) 버(쓰) 스땁
but where is the nearest bus stop?
남자 : 실례지만 이 부근에 버스 정류장이 어디에 있습니까?

잇츠 터 더 (을)레프(트) 오우버 데어
Jihoon: It's to the left over there.
유 캐앤 미 씻
You can't miss it.
지훈 : 저기 왼쪽입니다. 틀림없이 찾으실 수 있을 거예요.

[기본적인 한국의 소개]
Korea is a small country. The population of Korea is 47million.
The capital of Korea is Seoul.
(한국은 작은 나라입니다. 한국의 인구는 사천칠백만명이지요. 한국의 수도는 서울입니다.)

There are nine provinces in Korea. Each province boasts of its
unique food.
(한국에는 아홉 개의 도가 있습니다. 도마다 제각기 음식이 다릅니다.)

There are four seasons in Korea. There's a rainy period in the
summer.
(한국에는 사계절이 있습니다. 여름에는 장마철이 있고요.)

2. 주의 (**Caution**)

: "꼼짝마!", "엎드려!", "조심해!" 등 주의를 경고하는 표현들이 있습니다. 크게는 생명과도 관계가 있는 표현이니까 제대로 알아두는 게 어떨까요?

어텐션
❶ Attention!

왓취　아웃
❷ Watch out!

도운　무우(브)
❸ Don't move!

겟　다운
❹ Get down!

프리이즈
❺ Freeze!

띠이(프)
❻ Thief!

❼ 겟 힘
Get him!

❽ 화이어
Fire!

❾ 무우 빗
Move it!

❿ 스떼이 풋 데어
Stay put there!

---

❶ 여기 봐! 주목!

❷ 조심해!

❸ 움직이지 마!

❹ 엎드려!

❺ 꼼짝 마! ('Freeze!', '꼼짝 마!' 어렸을 때하던 '얼음 땡'이라는 놀이가 있습니다. '얼음!'이라고 말하면 움직이면 안 되는 놀이였는데, 'freeze'는 말 그대로 '얼다'라는 뜻이므로 의역해서 '꼼짝마라'는 뜻으로도 쓰입니다)

❻ 도둑이야!

❼ 저 놈 잡아라!

❽ 불이야!

❾ 비켜요! (= 길 좀 내줘요!)

❿ 꼼짝하지 말고 거기 있어!

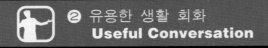
🜲 단어장

Attention 주의, 주목 | watch 보다 | move 움직이다 | down 밑으로 | freeze 얼다 | thief 도둑 | him 그(he)의 목적격 | fire 불 | stay 머무르다 | put 놓다

🜲 활용연습

도운 **Don't**	무우(브) **move!**	움직이지 마!
	스크리임 **scream!**	소리지르지 마!
	메이 커 싸운(드) **make a sound!**	소리내지 마!

겟 **Get**	힘 **him!**	저놈 잡아라!
캣(치) **Catch**		저놈 잡아라!
스땁 **Stop**		저놈 못 가게 해요!

💥 회 화 연 습

1)

라버-
Woman: Robber!

부인: 강도야!

프리이즈   필리스
Police: Freeze! Police!

경찰: 꼼짝 마! 경찰이다!

2)

도운 무우(브)   김미   유어   머니
Robber: Don't move! Gimme your money.

강도: 움직이지 마! 돈 내놔!

테이 키 리지   벗   댓츠   얼 라이 해(브)
Man: Take it easy, but that's all I have.

남자: 진정하세요. 하지만 제가 가진 건 그게 전부 다입니다.

💥 알아두셔요~!

뉴욕에 가면 악명 높은 곳, '할렘'이라는 곳이 있습니다. 어느 단체 관광객 중 한 명이 '할렘을 지날 때는 절대 혼자 다니지 마세요.'라는 가이드의 말을 무시하고 혼자 이곳저곳 기웃거리며 돌아다니다가 으슥한 골목에 들어서게 되었습니다. '좀 으스스한데, 빨리 일행에 합류해야겠군.'이라는 생각을 할 때, 등뒤에 뭔가가 닿는 느낌과 함께 'Gimme ten bucks.'라는 소리를 듣게 된 그 사람이 벌벌 떨며 마침 골목에 쌓여 있던 상자를 하나씩 하나씩 내려놓자 그 강도는 너무도 어이가 없어 그냥 가버리고 말았다는 이야기가 있습니다. 강도가 왜 상자를 달라고 하겠는가? 그는 10달러를 달라고 한 거였는데, 'dollar'를 또 다른 말로 'buck'이라고 하는 것을 몰랐었기에 일어난 웃지 못할 일이었던 것입니다.

3. 구직 (**Looking for a Job**)

: 흔히 '아르바이트'라고 일컬어지는 '시간제 일'은 'part-time job'
이 올바른 표현입니다. 이번 단원에서는 직업을 구할 때 필요한 표현
들에 대해 알아보기로 하겠습니다.

❶ I'm out of a job now.

❷ I'm unemployed.

❸ I'm cut out for this job.

❹ I'm looking for a job.

❺ Do you have any experience?

❻ I'd like to have a part-time job.

두 유 해 번 어프닝 휘 러 웨이러-
❼ Do you have an opening for a waiter?

아이 해 버 잡 이너뷰 터데이
❽ I have a job interview today.

아이들 라익 터 어플라이 휘 댓 퍼지션
❾ I'd like to apply for that position.

더 베이컨씨 해즈 빈 휘일(드)
❿ The vacancy has been filled.

❶ 저는 지금 실직 중입니다.
❷ 저는 실업자입니다.
❸ 저는 이 일에 적격입니다.
❹ 나는 일자리를 찾고 있다.
❺ 경험이 있습니까? (모 통신회사 광고에 나와서 유명해진 말. 'Do you have any experience?' 광고 속 여주인공처럼 인형 하나를 앞에 두고 계속 연습해 보면 어떨까요?)
❻ 시간제 일을 하고 싶습니다.
❼ 웨이터 자리 비었습니까?
❽ 오늘 나는 면접시험을 본다.
❾ 그 일자리에 응시해 보고 싶습니다.
❿ 공석은 메워졌는데요.

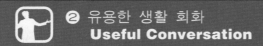
❀ 단어장

unemployed 실직의 | cut out for ~에 적합한 | look for ~을 찾다 | any 어떤 | experience 경험 | part-time 시간제 | opening 빈자리, 공석 | waiter 웨이터 | job interview 면접시험 | apply for ~에 응시하다 | position 자리 | vacancy 공석 | filled 채우다 (fill)의 완료형

❀ 활용연습

두 유 해 번 어프닝 훠 러 웨이러-
Do you have an opening for a **waiter?**

쉐(프)
chef?

드자이너-
designer?

웨이터 자리 비었습니까?
요리사 자리 비었습니까?
디자이너 자리 비었습니까?

아이들 라익 터 해 버 팔 타임 좝
I'd like to have a **part-time job.**

홀 타임
full-time

해애(프) 타임
half-time

시간제 일을 하고 싶습니다.
전 시간제 일을 하고 싶습니다.
반일제 일을 하고 싶습니다.

3. 구직 | Job

일을 하고 싶습니다.

🕺 회 화 연 습

1)

^{아이들 라익 터 해 버 팔 타임 좁}
Sooji: I'd like to have a part-time job.

수지: 시간제 일을 하고 싶습니다.

^{두 유 해브 애니 익스피어리언(스)}
Employer: Do you have any experience?

고용주: 경험이 있습니까?

2)

^{아이들 라익 터 어플라이 휘 댓 퍼지션}
Jihoon: I'd like to apply for that position.

지훈: 그 일자리에 응시해 보고 싶습니다.

^{와이 두 유 워 너 월 키어-}
Employer: Why do you want to work here?

고용주: 왜 여기서 일하고 싶어하는 거지요?

🕺 슬 랭 Slang

quack (돌팔이 의사)
'돌팔이'를 영어로 하면 'stone seller'가 아니라 'quack'입니다. 정신과 의사를 낮춰 부를 때 'shrink'라고 한다는 것도 더불어 알아둡시다.

예문) I think he's a quack.
(내 생각엔 그 사람 돌팔이야.)

4. 긴급상황 (**Emergency**)

: 미국에서 긴급상황이 벌어지면 일단 먼저 911로 전화를 합니다. 이번 단원에서는 911로 전화신고를 하는 요령에 대해 알아보겠습니다.

❶ Call 911.
컬 나인원원

❷ Get me the police.
겐 미 더 펄리스

❸ I want to report an accident.
아이 원 터 뤼폴 턴 엑시던(트)

❹ We need an ambulance.
위 니이 던 앰뷸런스

❺ This is an emergency.
디쓰 이 전 이멀젼씨

❻ I've been mugged.
아이(브) 빈 머억(드)

❼ 데어(스)   써뭔   츄라잉   터   게   린투
There's someone trying to get into
마이   하우스
my house.

❽ 데어   썬   인쥬어(드)   펄슨   히어
There's an injured person here.

❾ 히이즈   블리이딩   후럼   더   헤엣
He's bleeding from the head.

❿ 스떼이   롸잇   데어
Stay right there.

❶ 911로 전화하세요.
❷ 경찰서 좀 대 주세요.
❸ 사고를 신고하고자 합니다.
❹ 앰불런스를 좀 불러주세요.
❺ 응급상황이에요.
❻ 저는 폭행 당했습니다.
❼ 어떤 사람이 저희 집에 무단 침입하려고 합니다.
❽ 여기 부상자 한 사람이 있습니다.
❾ 그의 머리에서 피가 납니다.
❿ 바로 거기 가만히 계세요.

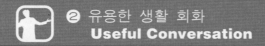
💥 단어장

call 전화 걸다, 부르다 | police 경찰 | report 신고하다 | accident 사건 | ambulance 앰뷸런스 | emergency 응급 | mugged (노상 등에서 강도질 할 목적으로) 습격하다(mug)의 완료형 | someone 누군가 | trying 시도하다(try)의 진행형 | try to ~하려고 노력하다 | get into ~에 들어오다 | house 집 | injured 부상당한 | person 사람 | bleeding 피 흘리다(bleed)의 진행형 | head 머리

💥 활용연습

아이   원   터   뤼폴
I want to report

턴   엑시던(트)
an accident.

터   떼프(트)
a theft.

터   화이어-
a fire.

사고를 신고하고자 합니다.
도난사건을 신고하고자 합니다.
화재를 신고하고자 합니다.

아이(브)   빈
I've been

머억(드)
mugged. 저는 폭행 당했습니다.

럽(드)
robbed. 저는 강도 당했습니다.

뻬입(트)
raped. 저는 강간당했습니다.

🏃 회화연습

1)

나인원원
911: 911.
911: 911입니다.

아이 니 더 펄리스
Woman: I need the police.
아이 원터 뤼폴 턴 액씨던(트)
I want to report an accident.
부인: 경찰서 좀 대 주세요. 사고를 신고하고자 합니다.

2)

나인원원
911: 911.
911: 911입니다.

위 니이 던 앰뷸런스
Man: We need an ambulance.
디쓰 이 전 이멀젼씨
This is an emergency.
남자: 앰뷸런스를 좀 불러주세요. 응급상황이에요.

🏃 슬랭 Slang

white as a ghost (유령같이 창백한)
이 표현은 우리의 '하얗게 질렸다'와 흡사해서 그 뜻을 유추하는 데
에 별 무리가 없습니다.
예문) What happened? You look white as a ghost.
(무슨 일이야? 얼굴이 너무 창백하잖아.)

5. 고장 (**Breakdown**)

: 평소에 무감하게 쓰고 있는 기계가 갑자기 고장나면 적지 않게 난감해집니다. 녹음기에서부터 자동차에 이르기까지 각종 기계가 고장났을 때 사용하는 기본적인 표현법에 대해 알아보겠습니다.

쿠   쥬   쎈   더   플러머   애즈   쑤우   내즈
❶ Could you send a plumber as soon as
파써블
possible?

아이 큰   쎈   더   플러머   디스   애프터누운
❷ I can send a plumber this afternoon.

마이   프릿쥐(스)   메이킹   어   스트레인쥐   노이(즈)
❸ My fridge's making a strange noise.

데어(즈)   썸띵   렁   위(드)   마이
❹ There's something wrong with my
테입   뤼코오더어-
tape recorder.

마이   홰액스   이즌   워어킹
❺ My fax isn't working.

마이 카아- 브로욱 다운
❻ My car broke down.

아이(브) 가 러 플랫 타이어
❼ I've got a flat tire.

아이 니이 러 토우
❽ I need a tow.

아임 아우 러(브) 개(스)
❾ I'm out of gas.

웬 캐 나이 겟 마이 카아
❿ When can I get my car?

❶ 배관공을 최대한 빨리 보내줄 수 있으세요?
❷ 오늘 오후에 배관공을 보낼 수 있습니다.
❸ 냉장고에서 이상한 소리가 나요.
❹ 녹음기에 뭔가 이상이 있는 것 같습니다.
❺ 팩스가 작동되지 않아요.
❻ 차가 고장났습니다.
❼ 타이어가 펑크났습니다.
❽ 차 견인 좀 해주세요.
❾ 휘발유가 다 떨어졌어요.
❿ 언제 차를 찾아갈 수 있지요?

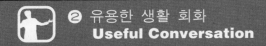
✖ 단어장

send 보내다 | plumber 배관공 | as soon as possible (ASAP) 가능한
한 빨리 | fridge 냉장고(refrigerator)의 준말 | making 만들다(make)
의 진행형 | strange 이상한 | noise 소음 | tape recorder 녹음기 | fax
팩스 | working 작동하다(work)의 진행형 | car 자동차 | broke down
고장나다(break down)의 과거형 | tire 타이어 | tow 견인 | out of
~이 없는 | gas 휘발유, 가스

✖ 활용연습

데어(즈)   썸띵   렁   위드   마이
There's something wrong with my

테입   뤼코오더어
tape recorder.

와싱   머쉬인
washing machine.

카아-
car.

녹음기에 뭔가 이상이 있는 것 같습니다.
세탁기에 뭔가 이상이 있는 것 같습니다.
차에 뭔가 이상이 있는 것 같습니다.

웬   캐 나이 겟   마이   카아
When can I get my   car?

팩(스)
fax?

캐므롸
camera?

언제 차를 찾아갈 수 있지요?
언제 팩스를 찾아갈 수 있지요?
언제 카메라를 찾아갈 수 있지요?

🌋 회화연습

1)

제너럴   일렉터뤽   캔 나이 헬   퓨
Clerk: General Electric. Can I help you?
직원: 제네랄 일렉트릭입니다. 무엇을 도와드릴까요?

데어(즈)   썸띵   렁 위드 마이 프륏(쥐)
Sooji: There's something wrong with my fridge.
수지: 냉장고에 이상이 있는 것 같습니다.

2)

트리플레이 매이 아이 헬   퓨
Clerk: AAA. May I help you?
직원: AAA(미국 자동차 협회)입니다.
　　　무엇을 도와드릴까요?
(같은 문자가 2개나 3개 연달아 있을 경우, 미국사람들은 그대로 다 읽지 않고, 'double A' [더블 A]또는 'triple A' [트리플 A]라고 말 합니다. (예) 333-8700 [트리플 쓰리이 에잇쎄븐 더블 오우])

아이 머   멤버 러(브) 트리플레이
Mr. Johnson: I'm a member of AAA.
아이 니이 러 토우
I need a tow.
존슨: 저는 AAA 회원인데요. 제 차 견인 좀 해주세요.

🌋 슬 랭 Slang

blowout (타이어의 펑크)
'타이어가 펑크났어요.'라는 말을 할 때, 'I've got a flat tire.' 이외 에도 'I've got a blowout.'이라는 표현이 있습니다.
예문) I think I've got a blowout.
　　　(내 생각엔 타이어가 펑크난 것 같아.)

6. 병 (**Sickness**)

: 아플 때 그 증상을 호소하지 못하는 것만큼 답답한 일도 없습니다. 각각의 증상에 맞는 간단한 표현법을 알아두면 '고통'을 줄일 수 있을 것입니다. 그야말로 '약이 되는 표현'들을 공부해보겠습니다.

아이 휘일 디지
❶ I feel dizzy.

아이 스프레인(드) 마이 앵클
❷ I sprained my ankle.

아이 휠 라익 바미링
❸ I feel like vomiting.

마이 스킨 잇취(스)
❹ My skin itches.

아이 버언 마이 핑거어
❺ I burned my finger.

아이 햅 썸띵 인 마이 아이
❻ I have something in my eye.

아이　해　버　해레익
❼ I have a headache.

아이　해(브)　다이어뤼이어
❽ I have diarrhea.

잇　스띠잉스
❾ It stings.

아이　해브　헐(트)버언　애앤　인다이제스처언
❿ I have heartburn and indigestion.

---

❶ 현기증이 나요.

❷ 발목을 삐었어요.

❸ 토할 것 같아요.

❹ 피부가 가려워요.

❺ 손가락을 데였어요.

❻ 눈에 이물질이 들어갔어요.(이물질을 'foreign object'라고도 합니다. 'foreign object'와 관련한 표현으로 '미확인 물체'를 뜻하는 'U.F.O.'가 있습니다. 그렇다면 'U.F.O.'는 'Unidentified Foreign Object'의 약어라는 것을 쉽게 유추할 수 있을 것입니다.)

❼ 머리가 아파요.

❽ 설사를 합니다.

❾ 쑤십니다.

❿ 속이 쓰리고 소화가 안돼요.

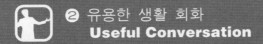
💥 단어장

feel 느끼다 | dizzy 어지러운 | sprained 삐다(sprain)의 과거형 |
ankle 발목 | vomiting 토하다(vomit)의 진행형 | skin 피부 | itch 간
지럽다 | burned 태우다(burn)의 과거형 | my 나(I)의 소유격 |
finger 손가락 | foreign 외부의 | object 물체 | eye 눈 | headache 두
통 | diarrhea 설사병 | sting 톡 쏘다 | heartburn 가슴앓이병 |
indigestion 소화불량

💥 활용연습

아이 해 버   해레익
I have a   headache.   머리가 아파요.

스터머케익
stomachache.   배가 아파요.

투우쩨익
toothache.   이가 아파요.

아이 휘일   디지
I feel   dizzy.   현기증이 나요.

칠리
chilly.   오한이 나요.

너셔어(스)
nauseous.   구역질이 날 것 같아요.

★ 회화연습

1)

유 돈 (을)룩 쏘 그웃
Mrs. Baker: You don't look so good.

아 유 휘일링 어얼 롸잇
Are you feeling all right?

베이커 부인: 안색이 안 좋아 보여요. 괜찮아요?

아이 휘일 디지
Sooji: I feel dizzy.

수지: 현기증이 나요.

2)

아이 해브 헐(트)버언 애앤 인다이제스쳐언
Mr. An: I have heartburn and indigestion.

안선생: 속이 쓰리고 소화가 안돼요.

댓츠 투우 배앳
Jihoon: That's too bad.

와이 돈 츄 씨 어 닥터-
Why don't you see a doctor?

지훈: 그거 참 안됐군요. 병원에 한 번 가보시지 그러세요?

★ 알아두셔요~!

이민 간 어느 아주머니가 하루는 아들이 실수로 유리문에 부딪쳐 눈이 멍들게 되자 급한 마음에 약사에게 달려가 'My son has blue eyes.'라고 말했습니다. 그러자 약사는 'So what?'(그래서요?)이라고 했답니다. 왜 그런 일이 있었던 걸까요? 아주머니야 '내 아들 눈이 멍들었어요.'라는 뜻으로 한 말이지만, 약사에겐 그 말이 '제 아들녀석은 (저와 달리) 눈이 파래요.'로 들렸기 때문입니다. 올바른 표현은 'My son has a black eye.'입니다.

7. 병원, 약국
(**Hospital & Drugstore**)

: 의사나 약사의 기본적인 지시를 듣는데 있어 어려움이 있다면, 그 난처함에 아픔이 몇 배나 더 고통스러울 것입니다. 이번 단원에서는 병원이나 약국에 가서 듣게 되는 의사, 약사들의 기본적인 지시들을 모아 정리했습니다.

❶ What symptoms do you have?
　왓　　쎔텀(스)　　두　유　　해(브)

❷ How's your appetite?
　하우즈　　유어　　애퍼타잇

❸ When did it start?
　웬　　디　릿　스타아(트)

❹ You need a shot.
　유　니이　러　샤얏

❺ Take this prescription to the pharmacy.
　테익　디스　프리스크립션　터　더　파머시

아이들 라익 썸띵 훠 러 헤레익
❻ I' d like something for a headache.

두 유 해 버 프리스크립션 플리이즈
❼ Do you have a prescription, please?

위 캐앤 쎌 디스 위다우 러
❽ We can' t sell this without a
프리스크립션
prescription.

캐 나이 겟 디스 프리스크립션 휘일(드)
❾ Can I get this prescription filled,
플리이즈
please?

쓰리 타임즈 어 데이 애프터 미일스 플리이즈
❿ Three times a day after meals, please.

❶ 증세가 어떻습니까?
❷ 식욕은 어떻습니까?
❸ 언제부터 그러셨죠?
❹ 주사를 맞으셔야겠군요.
❺ 이 처방전을 약국으로 가지고 가세요.
❻ 두통에 좋은 약 좀 주세요.
❼ 처방전을 가지고 오셨습니까?
❽ 처방전 없이 이 약을 팔 수 없습니다.
❾ 이 처방대로 약 좀 조제해 주시겠어요?
❿ 이 약을 하루 3번 식후에 드세요.

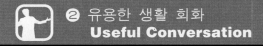
🐾 단어장

symptoms 증세 | appetite 식욕 | start 시작하다 | shot 주사 |
prescription 처방전 | pharmacy 약국 | sell 팔다 | without ~없이 |
get a prescription filled 처방전을 조제해 받다 | times 번 | a day
하루에 | after 후에 | meal 식사

🐾 활용연습

유   니이   러   샤앗
You need a shot.   주사를 맞으셔야겠어요.

런   어퍼레이션   샷
an operation shot. 수술을 하셔야겠어요.

썸   메디씬
some medicine.   약을 드셔야겠어요.

아이들 라익   썸띵   휘 러   헤레익
I'd like something for a   headache.

인다이제스쳔
indigestion.

코올(드)
cold.

두통에 좋은 약 좀 주세요.
소화불량에 좋은 약 좀 주세요.
감기에 좋은 약 좀 주세요.

회화연습

1)

_{왓 브링스 유 히어-}
Doctor: What brings you here?

의사: 어떻게 오셨습니까?

_{아이 해 버 스터머케익}
Sooji: I have a stomachache.

수지: 배가 아파요.

_{오우픈 뉴어- 마우(쓰) 와이(드) 앤 쎄이 아아}
Doctor: Open your mouth wide and say 'a-a-h'

의사: 입을 크게 벌리고 '아' 해 보세요.

2)

_{캐 나이 겟 디스 프리스크립션 휘일(드) 플리이즈}
Jihoon: Can I get this prescription filled, please?

지훈: 이 처방대로 약 좀 조제해 주시겠어요?

_{슈어- 이를 비 뤠디 이 너 퓨 미닛츠}
Pharmacist: Sure. It'll be ready in a few minutes.

약사: 물론이지요. 몇 분 후에 준비되겠습니다.

알아두세요~!

콘택트 렌즈를 끼던 한 학생이 식염수를 사려는데, 그게 영어로 뭔지 몰라 연신 'Where is a salt water?'라고 하는 바람에 결국 사지 못했다는 이야기가 있습니다. 식염수는 소금물로 만들었다고 해서 'salt water'가 아니라 'saline solution'(염분을 함유한 용액 = 식염수)입니다. 생각해 보십시오! 어느 외국인이 당신에게 '소금물 어디에 있어요?'라고 물으면 당신인들 그 사람이 식염수를 찾는다고 알아차릴 수 있겠는지...

8. 버스, 택시 (**Bus & Taxi**)

: 우리나라라면 모를까 다른 나라에서, 기껏 탄 버스나 택시가 목적지 아닌 다른 곳에 여러분을 내려놓는다면 그 황당함은 이루 말할 수 없을 것입니다. 이런 경우를 대비해 교통수단을 이용하는데 필요한 필수 표현들을 이번 단원에서 연습해보겠습니다.

위치 넘버 리즈 더 버쓰 훠- 쎈츄럴
❶ Which number is the bus for Central
파악
Park?

웨어 슈 라이 츄랜스퍼 터 겟 투
❷ Where should I transfer to get to
할리우어(드)
Hollywood?

애 마이 언 더 롸잇 버쓰 터 컬럼비아
❸ Am I on the right bus to Columbia
유니벌시리
University?

플리이즈 렌 미 노우 웬 위 갯 데어-
❹ Please let me know when we get there.

왓　　　스땁　　아-　위　앳
❺ What stop are we at?

웨어-　투
❻ Where to?

터　더　　엠파이어-　　스떼잇　빌딩　　　플리이즈
❼ To the Empire State Building, please.

하울　롱　　윌　릿　테익　터　겟　데어-
❽ How long will it take to get there?

히어-　위　아-
❾ Here we are.

왓츠　　더　　훼어-
❿ What's the fare?

---

❶ 몇 번 버스가 센트랄 파크로 갑니까?

❷ 할리우드로 가려면 어디서 갈아타면 됩니까?

❸ 제가 컬럼비아 대학교로 가는 버스 탄 것 맞나요?

❹ 거기에 도착하면 저에게 좀 알려주세요.

❺ 무슨 역입니까?

❻ 어디로 모실까요?

❼ 엠파이어스테이트 빌딩으로 가주세요.

❽ 거기까지 가는 데 얼마나 걸립니까?

❾ 다 왔습니다.

❿ 요금은 얼마이지요?

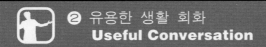
단 어 장

number 숫자, 번호 | bus 버스 | Central park 센트랄 파크 | transfer
전환하다 | Hollywood 할리우드 | know 알다 | stop 정거장 |
building 빌딩 | long 긴 | fare 요금

활 용 연 습

위치　　넘버　리즈 더　버쓰　휘　　쎈츄럴　　파악
Which number is the bus for Central park?

럿디　　워얼(드)
Lotte world?

할리우어(드)
Hollywood?

몇 번 버스가 센트랄 파크로 갑니까?
몇 번 버스가 롯데월드로 갑니까?
몇 번 버스가 할리우드로 갑니까?

터　　　엠파이어-　　스떼잇　　빌딩　　　　　플리이즈
To   Empire State building,   please.

디스　　애드뤠스
this address,

더　　씨리　허얼
the city hall,

엠파이어스테이트 빌딩으로 가주세요.
이 주소로 가주세요.
시청으로 가주세요.

🏃 회화연습

1)

Driver: Here we are.

기사: 다 왔습니다.

Sooji: What's the fare?

수지: 요금이 얼마이지요?

Driver: That'll be $ 8.50 , please.

기사: 8달러50센트입니다.

Sooji: Here's 10 dollars. Keep the change.

수지: 여기 10달러 받으세요. 남은 잔돈은 가지세요.

2)

Jihoon: What stop are we at?

지훈: 무슨 역입니까?

Driver: We're already at Daehackro.

기사: 벌써 대학로에 와 있습니다.

Jihoon: Is this where I get off?

지훈: 여기가 제가 내려야할 역인가요?

Driver: Yes, it is.

기사: 네, 그렇습니다.

9. 전철, 기차 (**Subway & Train**)

: 이번 단원에서는 기차표를 살 때, 전철을 갈아탈 때, 올바른 출구를
찾아 나갈 때 등 전철과 기차를 탈 때 쓰이는 표현들을 알아보겠습
니다.

❶ 웨어 두 아이 해(브) 터 게 러(프) 휘
   Where do I have to get off for
   써울 네셔널 유니버써리
   Seoul National University?

❷ 쓰리이 스땁스 터 고우
   Three stops to go.

❸ 유 캔 츄랜스퍼 터 더 넘버 투울 라인
   You can transfer to the No. 2 line
   앳 잠실 (스떼이션)
   at Jamsil (station.)

❹ 윗치 (을)라인 두 아이 해(브) 터 테익 터 고
   Which line do I have to take to go
   루 비 유
   to B.U.?

❺ Which exit should I take for Central Park?

❻ Is this line for Amtrack tickets to Boston?

❼ Which train should I take?

❽ When is the next train of the day for Wonju?

❾ Where is the platform for Pusan?

❿ Is there a sleeping car on the train?

❶ 서울대학교에 가려면 어디에서 내려야 하나요?
❷ 3정거장 남았어요.
❸ 잠실역에서 2호선으로 갈아타실 수 있습니다.
❹ 보스톤대학교에 가려면 몇 호선을 타야합니까?
❺ 센트랄 파크에 가려면 어느 출구로 나가야 합니까?
❻ 보스톤에 가는 암트랙 열차표 사는 줄인가요?
❼ 어떤 열차를 타야하지요?
❽ 원주행 다음 차가 언제 있습니까?
❾ 부산행 (기차) 타는 플랫폼이 어디이지요?
❿ 열차에 침대 칸이 있습니까?

❈ 단 어 장

get off (차에서) 내리다 | Seoul National University 서울대학교 | stops 정거장(stop)의 복수형 | line 호선 | station 역 | B.U. 보스톤 대학교(Boston University) | exit 출구 | Amtrack 암트랙 | train 기차 | Wonju 원주 | platform 플랫폼 | Pusan 부산 | sleeping car 침대차

❈ 활 용 연 습

유　캔　츄랜스퍼　　터 더
You can transfer to the

넘버- 투울 라이 넷　잠실　(스떼이션)
No. 2 line at Jamsil (station).

넘버- 투울 라이 넷　싸당　(스떼이션)
No. 2 line at Sadang (station).

넘버- 원 라이 넷 씨리 허얼　(스떼이션)
No. 1 line at City Hall (station).

잠실역에서 2호선으로 갈아타실 수 있습니다.
사당역에서 2호선으로 갈아타실 수 있습니다.
시청역에서 1호선으로 갈아타실 수 있습니다.

웨　니즈 더　넥스(트) 츄레인
When is the　next train

어브 더 데이 휘 원주
of the day for Wonju?

어얼리스(트)　츄레인
earliest train

(을)레이리스(트) 츄레인
latest train

원주행 다음 차가 언제 있습니까?
원주행 첫차가 언제 있습니까?
원주행 막차가 언제 있습니까?

1)

Sooji: Which exit should I take for Central Park?

수지: 센트랄 파크 가려면 어느 출구로 나가야 합니까?

Woman: It's that exit over there.

부인: 저기 있는 출구로 나가시면 됩니다.

2)

Jihoon: When is the next train of the day for Wonju?

지훈: 원주행 다음 차가 언제 있습니까?

Ticket Agent: The next train is leaving in 20 minutes.

매표원: 다음 열차는 20분 후에 출발합니다.

✖ 슬랭 Slang

noodle around (놀러다니다, 빈둥거리다)

'noodle'은 알다시피 '국수'이다. 그런데 이 'noodle'은 빨리 불고 금방 느슨해지는 성격을 가지고 있기 때문에 'noodle' 자체만으로 '바보'라는 의미로도 쓰이고, 이렇게 뒤에 'around'가 붙어 '빈둥거리다' 라는 뜻을 갖기도 합니다.

예문) I just noodled around at home all day long.
   (나 오늘 하루종일 집에서 빈둥거렸어.)

10. 주유소 (**Gas Station**)

: 차에 기름이 떨어져 주유소에 갔는데, "가득 채워주세요!"를 뭐라고 해야할지 모른다면 답답한 노릇입니다. 주유소에 가서 당당할 수 있는 기본 표현법을 알아봅니다.

❶ Fill it up, please.
휠 리 럽 플리이즈

❷ Top off the tank, please.
텁 어프 더 탱크 플리이즈

❸ What can I get you?
왓 캐 나이 겟 츄

❹ Regular or super?
뤠귤러 오어 수우퍼

❺ How much (do you want)?
하우 머취 (두 유 원(트))

❻ 20 bucks worth, please.
트워니 벅스 워-쓰 플리이즈

_{이즈 디스 펌(프) 쎌프 써-비(스)}
❼ Is this pump self-service?

_{트워니달러-(스) 워-쓰 앳 펌(프) 쓰리이 플리이즈}
❽ $20 worth at pump 3, please.

_{하이 트워니달러-(스) 앳 펌(프) 쓰리이}
❾ Hi! $20 at pump 3.

_{첵 디 오일 랜 워러 플리이즈}
❿ Check the oil and water, please.

❶ 가득 채워주세요.(= 만땅!)
❷ 가득 채워주세요.
❸ 어떤 것을 넣어드릴까요?
❹ 보통 넣을까요, 고급으로 넣어드릴까요?
❺ 얼마 어치를 넣어드릴까요?
❻ 20달러 어치를 넣어주세요.
❼ 이곳은 본인이 직접 주유하는 곳인가요?
❽ 주유펌프 3번에서 20달러 어치 넣겠습니다.
  (선지불 후주유일 경우)
❾ 안녕하세요? 주유펌프 3번에서 20달러 어치 넣었습니다.
  (선주유 후지불일 경우)
❿ 기름과 물을 점검해 주세요.

🎯 단어장

fill up 채우다 | tank up (차의 휘발유 탱크를) 가득 채우다 |
regular 보통의 | super 고급의 | bucks 달러(dollars) | worth ~의 가
치가 있는 | pump 펌프 | self-service 셀프서비스 | check 점검하다 |
oil 기름 | water 물

🎯 활용연습

뤠귤러   오어

Regular or   super?

언리이디(드)?

unleaded?

수프리임

supreme?

보통 넣을까요, 고급으로 넣어드릴까요?
보통 넣을까요, 무연으로 넣어드릴까요?
보통 넣을까요, 최고급으로 넣어드릴까요?

트워니달러-(스)   워-쓰   앳   펌(프)   쓰리이   플리이즈

$20   worth at   pump 3,   please.

트워니화이(브)달러-(스)   펌(프)   화이(브)

$25   pump 5,

포리화이(브)달러-(스)   펌(프)   쎄븐

$45   pump 7,

주유펌프 3번에서 20달러 어치 넣겠습니다.
주유펌프 5번에서 25달러 어치 넣겠습니다.
주유펌프 7번에서 45달러 어치 넣겠습니다.

✹ 회화연습

1)

패이 휘-스(트) 인싸이(드) 덴 펌(프) 플리이즈
Clerk: Pay first inside then pump, please.

점원: 안에 가서 먼저 지불하시고 나서 주유하세요.

트워니달러-(스) 워-쓰 앳 펌(프) 쓰리이 플리이즈
Sooji: $20 worth at pump 3, please.

수지: 주유펌프 3번에서 20달러 어치 넣겠습니다.

2)

텁 어프 더 탱크 플리이즈
Jihoon: Top off the tank, please.

지훈: 가득 채워주세요.

뤠귤러 오어 수우퍼
Clerk: Regular or super?

점원: 보통 넣을까요, 고급으로 넣어드릴까요?

수우퍼 플리이즈
Jihoon: Super, please.

지훈: 고급으로 넣으세요.

나우 유 아 러얼 셋 대를 비 써리화이(브)달러-(스)
Clerk: Now you are all set. That'll be $35.

점원: 다 됐습니다. 다 해서 35달러입니다.

✹ 알아두셔요~!

자동차 기름은 'oil'이 아니라 'gas'이므로 주유소는 'oil station'이 아니라 'gas station'입니다. 이것을 모르는 사람들은 'gas station'이 라는 간판을 보고도 LPG 가스 차량용 주유소인 줄 알고 지나치기 도 합니다.

11. 차 사고 (**Car Accident**)

: 만약 해외에서 차 사고가 난다면? 생각만으로도 끔찍한 일이며 그런 일이 일어나지 않기만을 바랄 뿐입니다. 그렇지만 만에 하나 일어날 수 있는 어떠한 상황에서도 자신을 지킬 수 있도록 기본표현을 미리 익혀둡시다.

❶ 어 카- 렉시던(트) 해픈(드)
A car accident happened.

❷ 아이 가 린터 어 리를 펜더- 벤더-
I got into a little fender-bender.

❸ 아- 유 얼 롸잇
Are you all right?

❹ 아임 쏘뤼 아일 해 빗 휙스드 휘 유
I'm sorry, I'll have it fixed for you.

❺ 히어즈 마이 인슈어런스 에이전(츠) 넘버-
Here's my insurance agent's number.

❻ (을)렛츠 세를 디스 아워셀브스
Let's settle this ourselves.

히 컷 롸잇 인 프러 너브 미
7 He cut right in front of me.

히 힛 더 카-
8 He hit the car.

더 버쓰 메이 러 써든 스탑
9 The bus made a sudden stop.

(을)렌 미 씨 유어- (을)라이쓴스 앤
10 Let me see your license and
레지스트레이션 플리즈
registration, please.

1 자동차 사고가 일어났어요.
2 작은 접촉사고를 당했습니다.
3 괜찮으세요?
4 죄송합니다. 수리해 드리겠습니다.
5 제 보험사 직원의 전화번호입니다.
6 우리끼리 해결합시다.
7 저 사람이 내 앞으로 끼여들었어요.
8 저 사람이 제 차를 받았어요.
9 버스가 급제동을 했습니다.
10 운전면허증과 자동차 등록증을 보여주세요.

💢 단어장

accident 사건 | happened 일어나다(happen)의 과거형 | fender-bender (사소한) 자동차 사고 | repaired 고치다(repair)의 과거형 | insurance 보험 | agent 대리인 | settle 해결하다 | ourselves 우리들 | cut 끼여들다 | in front of ~의 앞에 | hit 때리다 | sudden 갑작스러운 | license (운전)면허증 | registration 등록증

💢 활용연습

^히　^힛　　^더　^{카-}
He hit　　the car.

^더　^카　^{버하인(드)}　^미
the car behind me.

^더　^{카-}　^린　^{프런(트)}
the car in front.

저 사람이 제 차를 받았어요.
저 사람이 제 차를 뒤에서 받았어요.
저 사람이 제 차를 앞으로 받았어요.

^더　^{버쓰}　　　^{메이}　^러　^{써든}　　^{스탑}
The bus　　　made a sudden stop.

^더　^{택씨}
The taxi

^히
He

버스가 급제동을 했습니다.
택시가 급제동을 했습니다.
저 사람이 급제동을 했습니다.

🕴 회화연습

1)

마이 범퍼 리즈 크러쉿(드) 배애들리
Sooji: My bumper is crushed badly.
수지: 범퍼가 심하게 찌그러졌어요.

아임 쏘뤼 아일 해 빗 휙스드 휘 유
Man: I'm sorry, I'll have it fixed for you.
남자: 죄송합니다. 수리해 드리겠습니다.

2)

후즈 터 블레임 휘 디스 액씨던(트)
Policeman: Who's to blame for this accident?
경찰관: 누구 잘못이지요?

히 컷 롸이 린 후런 터(브) 미
Jungha: He cut right in front of me.
잇츠 터를리 히스 휘얼(트)
It's totally his fault.
정하: 저 사람이 내 앞으로 끼여들었어요.
이건 전적으로 저 사람 책임입니다.

🕴 슬랭 Slang

jay walker (무단횡단자)
'jay walker' 라는 말을 들으면, 'J자로 걷는 이상한 습관을 가진 사람인가?' 싶기도 하겠지만 다름 아닌 무단횡단자를 의미합니다. 따라서 'jaywalk' 가 '무단횡단하다' 라는 뜻임을 유추할 수 있습니다.

예문) I got a ticket for jaywalking this morning.
(오늘 아침에 무단횡단으로 딱지 뗴였어.)

12. 경찰서 (**Police Station**)

: 해외까지 가서 과속으로 걸리면 참으로 창피한 일이지만, 혹시나 그런 일이 발생할 경우 쓰이게 되는 기본 표현들을 알아보겠습니다.

아이들 라익 터 뤼폴 터 떼프트
❶ I'd like to report a theft.

아이(브) 비인 롸압(드)
❷ I've been robbed.

마이 파킷 워즈 픽(트)
❸ My pocket was picked.

써뭔 브로욱 인터 마이 하우(스)
❹ Someone broke into my house
(을)래애스트 나잇
last night.

캔 뉴 아이덴티파이 후 디 릿
❺ Can you identify who did it?

유 머스(트) 버클 럽
❻ You must buckle up.

아이 뤤 너 뤠들 라잇
❼ I ran a red light.

쿠 쥬 김 미 어나더 췌엔(쓰)
❽ Could you give me another chance?

히어즈 어 (츄래픽) 티켓
❾ Here's a (traffic) ticket.

유 워 스삐이딩 앳 에이리투우 마일스 어 나워어
❿ You were speeding at 82 miles an hour.

❶ 도난 사건을 신고합니다.
❷ 도난 당했어요.
❸ 저는 소매치기 당했어요.
❹ 어젯밤에 우리 집에 도둑이 들었어요.
❺ 누가 그렇게 했는지 알아볼 수 있겠어요?
❻ 안전벨트 매셔야 합니다.
❼ 빨간 불인데 달렸습니다.
❽ 한번만 봐주세요.
❾ 여기 위반 딱지입니다.
❿ 시속 82마일로 과속하고 계셨습니다.

🎯 단 어 장

theft 도난 | pocket 주머니 | picked ~을 훔치다, ~을 집다(pick)의 과거형 | broke into ~에 강제로 밀고 들어가다 | last 지난 | identify 알아보다 | must 해야한다 | buckle up 안전벨트를 매다 | ran 달리다(run)의 과거형 | red light 빨간 불 | chance 기회 | (traffic) ticket 위반 딱지 | speeding 속도를 내다(speed)의 진행형 | hour 시간

🎯 활 용 연 습

마이   파킷   위즈   픽(트)
My pocket was picked. 저는 소매치기 당했어요.

마이   퍼-스
My purse   제 핸드백을 소매치기 당했어요.

마이   월릿
My wallet   제 지갑을 소매치기 당했어요.

유아   스삐이딩   앳   에이리투우 마일   어   나워어
You're speeding at   82 mile   an hour.

쎄브니하이(브) 마일
75 mile

에이리에잇 마일
88 mile

시속 82마일로 과속하고 계셨습니다.
시속 75마일로 과속하고 계셨습니다.
시속 88마일로 과속하고 계셨습니다.

🏃 회 화 연 습

1)

_{아이(브) 비인   롸압(드)}
Woman: I've been robbed.
부인: 도난 당했어요.

_{와   더스   스털른}
Policeman: What was stolen?
경찰관: 뭘 도둑 맞으셨나요?

_{마이   다이어먼(드)   링 이즈   미씽}
Woman: My diamond ring is missing.
부인: 다이아몬드 반지가 없어졌어요.

2)

_{두 유   노우   와이 아이 풀   쥬   오버-}
Policeman: Do you know why I pulled you over?
경찰관: 내가 왜 정지시켰는지 아시겠나요?

_{예(스) 아이 뤤 너 뤠들   라잇}
Jungha: Yes. I ran a red light.
정하: 네. 빨간 불인데 달렸습니다.

🏃 알아두서요~!

바로 위와 같은 상황에서 '한번만 봐주세요.'가 영어로 'Can you
give me another chance?'인지 모를 경우 'Please look at me once.'
라고 하기 쉽습니다. 그러나 이렇게 말했다간 경찰관이 알아들을 리
가 없겠지요.

13. 세탁소 (**Laundry**)

: 우리나라와 달리 미국은 드라이 비용이 무척 비싸 옷을 자주 맡기기가 힘듭니다. 그럼에도 불구하고 세탁소를 이용할 일은 반드시 있기에 기본적인 표현을 미리 준비해 보도록 하겠습니다.

아이 원 디스 드라이 클린(드)
❶ I want this dry-cleaned.

우 쥬 아이언 디(스) 수웃 휘 미
❷ Would you iron this suit for me?

캔 뉴 멘 디(스)
❸ Can you mend this?

데어즈 어 호울 린 마이 잭킷
❹ There's a hole in my jacket.

히어즈 유어- 클레임 첵
❺ Here's your claim check.

웬 캔 나이 피 키 럽
❻ When can I pick it up?

❼ 아이들 라익 터 겟 디스 스테이 나웃
❼ I'd like to get this stain out.

더 칼라- 메이 런
❽ The color may run.

더 스테이 니즈 스띨 히어-
❾ The stain is still here.

디(스) 스커-트 윌 슈륑(크) 이(프) 와쉬(트)
❿ This skirt will shrink if washed.

❶ 이것 좀 드라이 해주세요.
❷ 이 양복을 다림질 해주시겠어요?
❸ 이거 수선하실 수 있겠어요?
❹ 재킷에 구멍이 났어요.
❺ 옷 찾을 때 필요한 보관증이에요.
❻ 언제 찾을 수 있나요?
❼ 이 얼룩을 좀 빼고 싶은데요.
❽ 색이 빠질 수도 있어요.
❾ 얼룩이 아직도 남아있어요.
❿ 이 치마는 물빨래하면 줄어들 거예요.

🏃 단 어 장

dry-cleaned 드라이 클리닝하다 | iron 다림질하다 | mend 수선하다 |
hole 구멍 | claim check 보관증 | stain 얼룩 | color 색깔 | still 아직
| skirt 치마 | shrink 줄어들다 | if 만약 ~다면 | washed 물빨래하다,
씻다(wash)의 완료형

🏃 활 용 연 습

아이 원   디스   드라이   클린(드)
I want   this   dry-cleaned.

        디스 실(크) 셔-(츠)
        this silk shirts

        디스   수웃
        this suit

이것 좀 드라이 해주세요.
이 실크 셔츠 좀 드라이 해주세요.
이 양복 좀 드라이 해주세요.

데어즈   어 호울 린 마이   잭킷
There's a hole in my jacket. 재킷에 구멍이 났어요.

                스커어-(트)
                skirt.   치마에 구멍이 났어요.

                팬(츠)
                pants.   바지에 구멍이 났어요.

✖ 회화연습

1)

Laundryman: Here's your claim check.
^{히어즈   유어- 클레임   첵}

세탁업자: 옷 찾을 때 필요한 보관증이에요.

Sooji: When can I pick it up?
^{웬   캐 나이 피 키 럽}

I need this by this Saturday.
^{아이 니이 디(스) 바이 디(스)   쌔러데이}

수지: 언제 찾을 수 있나요?
이번 토요일에 이 옷이 필요하거든요.

2)

Laundryman: Don't put them in together.
^{돈   풋 뗌 민 터게더-}

The color may run.
^{더   칼라- 메이 런}

세탁업자: 그것들을 함께 놓지 마세요. 색이 **빠질** 수도 있어요.

Jihoon: I see.
^{아이 씨}

지훈: 알겠습니다.

✖ 알아두서요~!

'bro' [브로우]는 'brother'를 줄인 것으로서 젊은이들 사이에서 많이 쓰이는 호칭입니다. 흑인 친구들은 남자를 'bro', 여자를 'sister'라고 많이 부릅니다. 한 유학생이 자기도 친구들에게 격 없이 지내보고 싶어져서 친구들 한 무리를 향해 너무도 당당히 'What's up, bra?'라고 큰 소리로 활기차게 인사를 했다고 합니다. 그랬더니, 친구들이 키득키득거리고 난리가 나서, 머쓱해져서 어쩔 줄 몰라했는데 그의 실수는 다름 아닌 바로 이 'bro'의 발음에 있었습니다. 이 학생처럼 'bro'를 잘못 발음해서 [브라]라고 하게 되면 여자들의 속옷인 'brasier' [브레이지어]를 얘기한 게 되어 민망한 상황이 벌어지곤 하니까 조심해야 합니다.

14. 미용실, 이발소
(Hair Salon & Barber Shop)

: 해외여행 중에 미용실 찾기가 만만치 않다고는 하지만 '자다 부스
스'한 상태로 계속 버티는데는 한계가 있습니다. 이번 단원에선 머리
손질을 어떻게 요구할 지에 대해 연습해 보도록 하겠습니다. '안정환
스타일의 머리를 바랬는데 호나우도가 되었다'면 이건 보통 사고가
아니니까 말이죠.

하우   우   쥬   (을)라익 큐어-   헤어-   더언
❶ How would you like your hair done?

윌   유   스따일   마이   헤어-
❷ Will you style my hair?

캐   나이 씨   썸   쌔앰프을(스) 어브 헤어- 스따일(스)
❸ Can I see some samples of hair styles?

저스 터 츄림   플리이즈
❹ Just a trim, please.

아이들 라이 커   퍼-머넌(트)   플리이즈
❺ I'd like a permanent, please.

하우   스트롱   우   쥬   라이   큐어
❻ How strong would you like your
퍼엄
perm?

웨어   두 유   팔   츄어   헤어-
❼ Where do you part your hair?

위치   두   유   띵(크)   수츠   미   베스(트)
❽ Which do you think suits me best?

우   쥬   (을)라익 미   루 (을)리이   뷰어
❾ Would you like me to leave your
싸이(드)버언(스)
sideburns?

아이들 라익   터   겟   마이   헤어-   컷   쇼오(트)
❿ I'd like to get my hair cut short.

---

❶ 머리를 어떻게 해드릴까요?
❷ 내 머리를 유행스타일로 해주시겠어요?
❸ 머리스타일 견본 사진 좀 볼 수 있을까요?
❹ 그냥 좀 다듬어주세요.
❺ 파마를 해주세요.
❻ 파마를 얼마나 강하게 해드릴까요?
❼ 어디로 가르마를 타십니까?
❽ 어느 것이 저에게 제일 어울린다고 생각하세요?
❾ 구레나룻은 그대로 둘까요?
❿ 머리를 짧게 잘라 주세요.

hair 머리 | style 스타일 | samples 표본(sample)의 복수형 | just 단지
| trim 다듬다 | permanent 파마 | strong 강한 | perm 파마(permanent)
의 줄임말 | part 가르다 | sideburns 구레나룻 | short 짧게

활 용 연 습

아이들 라익 터 겟 마이 헤어- 컷 쇼오(트)
I'd like to get my hair cut short.

다이(드) 브라운
dyed brown.

셋
set.

머리를 짧게 잘라 주세요.
머리를 갈색으로 염색해주세요.
머리를 세트해 주세요.

저스 터 츄림 플리이즈
Just a   trim,   please.

미리엄 컷
medium cut,

크루우컷
crewcut,

그냥 좀 다듬어 주세요.
그냥 좀 중간 정도로 잘라 주세요.
그냥 좀 스포츠 머리로 해 주세요.

1)

하우   우   쥬 (을)라익 터   해
Hairdresser: How would you like to have
뷰어   헤어-컷
your haircut?

미용사: 머리를 어떻게 잘라드릴까요?

저스   터 츄림   플리이즈
Sooji: Just a trim, please.

수지: 그냥 좀 다듬어주세요.

2)

웨어   두   유   팔   츄어   헤어-
Barber: Where do you part your hair?

이발사: 어디로 가르마를 타십니까?

아이파아-(트)마이   헤어-   린 더   미들
Jihoon: I part my hair in the middle.

지훈: 저는 가운데로 타는데요.

split hairs (사소한 일을 꼬치꼬치 따지다)
'split' 이라는 동사는 '갈기갈기 찢는다' 는 말인데, 'split hairs', 말 그대로 머리카락을 갈기갈기 찢을 정도면 그 표현이 부정적이라는 것은 금방 느낄 수 있을 것입니다. 'split hairs' 는 바로 '굉장히 사소한 일을 꼬치꼬치 따진다' 또는 '필요 이상으로 자세히 구별짓다' 라는 뜻의 표현입니다.
예문) Sally's starting to split hairs again.
(샐리는 또 꼬치꼬치 따지기 시작하는구나.)

15. 은행, 우체국
(**Bank & Post Office**)

: 계좌를 개설하고 소포를 보내고 등등. 이번 단원에서는 은행 및 우체국에서 쓰이는 기본 표현을 익혀보겠습니다.

❶ Please give me four one-dollar
and eight ten-cent stamps.

❷ Will you weigh this package for me?

❸ Please send this by express.

❹ Please send this by parcel post.

❺ I'd like this letter registered.

아이들 라익 터 어프 넌 어카운(트)
❻ I'd like to open an account.

아이들 라익 터 메이 커 디파짓
❼ I'd like to make a deposit.

아이들 라익 터 캔쓸 마이 어카운(트)
❽ I'd like to cancel my account.

플리이즈 휠 라웃 츄어 씨크릿 넘버어
❾ Please fill out your secret number.

아이들 라익 터 위드러어 원 헌드레(드)
❿ I'd like to withdraw one hundred
달러어(스)
dollars.

---

❶ 1달러 짜리 우표 4장과 10센트 짜리 우표 8장 주세요.
❷ 이 소포의 무게를 달아주시겠습니까?
❸ 이것을 속달로 보내주세요.
❹ 이것을 소포로 보내주세요.
❺ 이 편지를 등기로 보내고 싶습니다.
❻ 계좌를 개설하고 싶습니다.
❼ 예금을 하고 싶습니다.
❽ 계좌를 해약하고 싶습니다.
❾ 비밀번호를 기입해주세요. (비밀번호는 'secret number' 또는 'PIN number' 라고도 합니다.)
❿ 100달러를 인출하고 싶습니다.

🍸 단 어 장

give 주다 | me 나(I)의 목적격 | dollar 달러(미국의 화폐 단위) | cent 센트 | stamps 우표(stamp)의 복수형 | package 소포 | by express 특급으로 | parcel 소포 | post 우편물 | letter 편지 | registered 등록하다(register)의 과거형 | open an account 계좌를 만들다 | deposit (은행의) 예금, 보관물, 퇴적 | cancel 취소하다 | fill out (양식에) 기입하다 | secret number 비밀번호 | withdraw 인출하다

🍸 활 용 연 습

플리이즈   김   미
Please give me

포어   원   달러   애앤   에잇   텐   센(트)   스태앰쓰
four one-dollar and eight ten-cent   stamps.

투우   원   달러   애앤   식스   텐   센(트)
two one-dollar and six ten-cent

쓰리   원   달러   애앤   화이브   텐   센(트)
three one-dollar and five ten-cent

1달러 짜리 우표 4장과 10센트 짜리 우표 8장 주세요.
1달러 짜리 우표 2장과 10센트 짜리 우표 6장 주세요.
1달러 짜리 우표 3장과 10센트 짜리 우표 5장 주세요.

아이들   라익   터   어프   넌   어카운(트)
I'd like to open   an account.

너   쎄이빙스   어카운(트)
a savings account.

너   첵킹   어카운(트)
a checking account.

계좌를 개설하고 싶습니다.
보통 예금계좌를 개설하고 싶습니다.
당좌 예금계좌를 개설하고 싶습니다.

회화연습

1)

플리이즈 쎈 디스 바이 팔쓸 포우스트 터 코뤼아
Sooji: Please send this by parcel post to Korea.

왓츠 더 포스티(쥐) 휘- 디(스)
What' s the postage for this?

수지: 이것을 소포로 한국에 보내주세요.
얼마치의 우표를 붙여야할까요?

더 커스(트) 디펜 전 더 웨이
Mail clerk: The cost depends on the weight

랜 싸이(즈)
and size.

우체국직원: 요금은 무게와 사이즈에 따라 다릅니다.

2)

왓 카이 너(브) 어카운(트) 우 쥴 라익
Bank teller: What kind of account would you like

터 어픈
to open?

은행원: 어떤 계좌를 만들고 싶으신가요?

아이들 라익 터 어프 너 췌킹 어카운(트)
Jihoon: I' d like to open a checking account.

지훈: 당좌 예금계좌를 개설하고 싶습니다.

알아두세요~!

편지나 E메일에서 자주 쓰게 되는 표현인 '그건 그렇고'를 영어로 하면 'by the way'인데, 이것을 간단하게 줄여서 'BTW'라고도 합니다. 괜히 독일의 자동차 BMW와 비슷하게 생겼다고 이것도 자동차의 한 종류이겠거니 하진 마시구요~!

16. 백화점에서의 쇼핑
(Shopping at Department Store)

: 이번 단원에서는 의류매장에서 원하는 사이즈나 색깔을 요구할 때 쓰이는 표현부터, 물건 구입 후 포장에 이르기까지 백화점에서의 쇼핑에 필요한 기본 표현을 알아보도록 합니다.

아임 저스(트) 브라우징
❶ I'm just browsing.

왓 싸이즈 두 유 니이(드)
❷ What size do you need?

두 유 해브 디쓰 인 와잇
❸ Do you have this in white?

아이들 라익 터 츄라이 디쓰 언
❹ I'd like to try this on?

웨어 리즈 더 휘링 룸
❺ Where is the fitting room?

위치　칼러　(을)룩쓰　베러　언　미
❻ Which color looks better on me?

아이　워너　게　러　리퍼　넌　디(스)
❼ I wanna get a refund on this.

캐　나이　겟　디스　기프(트)　　랩(트)
❽ Can I get this gift-wrapped?

더　프라이쓰　이즈　언　더　태액
❾ The price is on the tag.

캐애쉬　　플리이즈
❿ Cash, please.

❶ 그냥 아이쇼핑하는 거예요.
❷ 손님은 어떤 사이즈가 필요하십니까?
❸ 이거 흰색으로 있습니까?
❹ 이것 좀 입어보고 싶습니다.
❺ 탈의실이 어디에 있지요?
❻ 어떤 색상이 저에게 더 잘 어울려 보이나요?
❼ 이거 환불받고 싶어요. (미국은 'refund의 나라(?)' 이므로
꼭 익혀서 필요한 경우 당당히 써보도록 합시다.)
❽ 선물포장 해주시겠습니까?
❾ 가격은 꼬리표에 붙어있습니다.
❿ 현금으로 지불할게요.

🏃 단 어 장

browsing 천천히 구경하다(browse)의 진행형 | size 사이즈, 크기 |
white 흰색 | try 시도하다 | where 어디에 | fitting room 탈의실 |
which 어떤 | color 색상 | better 좋다(good)의 비교급 | wanna 원하
다(want to)의 회화발음을 나타내는 철자 | get 얻다 | refund 환불 |
gift-wrapped 선물포장된 | price 가격 | price tag 꼬리표 | cash 현금

🏃 활 용 연 습

두 유 해브 디쓰 인
Do you have this in

와잇
white?

커튼
cotton?

두유 해브 디쓰 이

너   스멀러-   싸이(즈)
a smaller size?

이거 흰색으로 있습니까?
이거 면으로 있습니까?
이거 더 적은 사이즈 있습니까?

캐애쉬   플리이즈
Cash,   please.   현금으로 지불할게요.

촤아(쥐)
Charge,   신용카드로 지불할게요.

크레딧
Credit,   신용카드로 지불할게요.

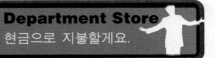
🎯 회화연습

1)

아이 워너 게 러 리퍼 넌 디(스)
Sooji: I wanna get a refund on this.
수지: 이거 환불받고 싶어요.

두 유 해(브) 더 뤼씨잇
Clerk: Do you have the receipt?
점원: 영수증 가지고 계십니까?

2)

하우 우 쥴 라익 터 패이 훠 디(스)
Clerk: How would you like to pay for this?
점원: 어떻게 지불하시겠습니까?

캐애쒸 플리이즈
Jihoon: Cash, please.
지훈: 현금으로 지불할게요.

🎯 알아두셔요~!

어떤 유학생 엄마가 바람 좀 쐴 겸 미국의 어느 백화점을 유유자적 '아이 쇼핑'을 하고 있었는데, 점원이 갑자기 'Can I help you, ma' am?'이라고 대뜸 물어왔습니다. 순간 당황한 이 엄마는 'No. I'm eye shopping.'이라고 얘기했다는 이야기가 있습니다. 이 때 올바른 표현은 'No, thanks. I'm just window shopping.' (고맙습니다만, 괜찮아요. 전 지금 아이쇼핑 중이거든요.)이므로 'I'm just browsing.' 또는 'I'm just looking.'과 함께 익혀두시고 여유로운 쇼핑을 하시길 바랍니다.

17. 수퍼마켓에서의 쇼핑
(**Shopping at Super Market**)

: 우리나라에도 대형 할인업체가 많이 생겨 이제는 해외에 나가도
현지 매장의 시스템이나 이용에 불편이 없게 되었습니다. 이번 단원
에서는 슈퍼마켓에서 사고자 하는 물건을 찾을 때 사용할 수 있는
표현에 대해 알아보겠습니다.

웨어-　　　캐 나이 화인(드)　　　마저린
❶ Where can I find margarine?

잇츠　인　더　　씨이푸우(드)　　　섹션
❷ It's in the Seafood section.

브레에　디즈 어얼　썰　다웃
❸ Bread is all sold out.

위어　　아우 러브　　스딱
❹ We're out of stock.

페이퍼　오어　플래애스틱
❺ Paper or plastic?

❻ Do you take credit?
두 유 테익 크레딧

❼ May I have the receipt?
메이 아이 해브 더 뤼씨잇

❽ Can you deliver it?
캔 뉴 들리버 릿

❾ Can I enlarge this picture?
캐 나이 인라아쥐 디쓰 픽처

❿ I'd like to develop this film.
아이들 라익 터 드벨럽 디쓰 휘음

❶ 마가린은 어디에 있습니까?
❷ 해산물 코너에 있습니다.
❸ 빵은 다 매진되었습니다.
❹ 그 물건은 다 떨어졌어요.
❺ 종이 백을 드릴까요, 비닐 백을 드릴까요?
❻ 신용카드 받으세요?
❼ 영수증을 주시겠어요?
❽ 배달해 줄 수 있나요?
❾ 이 사진을 확대할 수 있을까요?
❿ 이 필름을 현상하고 싶습니다.

단 어 장

find 찾다 | margarine 마가린 | seafood 해산물 | section 한 구획 | bread 빵 | sold 팔다(sell)의 완료형 | sold out 다 팔리다 | stock 재고, 저장 | out of stock 품절인 | paper 종이 | or 또는 | plastic 플라스틱 | take 취하다 | credit 크레디트 카드, 신용 | receipt 영수증 | deliver 배달하다, 전달하다 | enlarge 확대하다 | picture 사진 | develop 현상하다, 개발하다 | film 필름, 영화

활 용 연 습

웨어-　　캐　 나이 화인(드)　　　　　　　　　 마저린
Where can I find 　　　　**margarine?**

터일렛　　페이퍼
toilet paper?

미-역
milk?

마가린은 어디에 있습니까?
화장지는 어디에 있습니까?
우유는 어디에 있습니까?

잇츠　 인　더　　　　　 씨이푸우(드)　　　 섹션
It' s in the 　　　**Seafood section.**

후로즌　　　 푸우(즈)　　　 섹션
Frozen Foods section.

롸잇　　 아일
right aisle.

해산물 코너에 있습니다.
냉동식품 코너에 있습니다.
오른쪽 통로에 있습니다.

🏃 회화연습

1)

쿠 쥬 푸 릿 이너 배액 플리이즈
Sooji: Could you put it in a bag, please?
수지: (쇼핑)백에 넣어주시겠어요?

페이퍼- 오어- 플래애스틱
Clerk: Paper or plastic?
점원: 종이 백을 드릴까요, 비닐 백을 드릴까요?

페이퍼- 플리이즈
Sooji: Paper, please.
수지: 종이 백에 넣어주세요.

2)

캐 나이 인라아쥐 디쓰 픽쳐
Jihoon: Can I enlarge this picture?
지훈: 이 사진을 확대할 수 있을까요?

슈어- 두 유 해(브) 더 네가티(브) 위 듀
Clerk: Sure. Do you have the negative with you?
직원: 그럼요. 필름 가지고 오셨나요?

🏃 알아두세요~!

비닐 백을 영어로 뭐라고 할까? 사전을 들고 '비닐'을 찾아보면
'vinyl'이라고 나올 것입니다. 순간 'vinyl의 발음은 [비닐]이 아니라
[바이닐]이군!'하며 비닐 백을 [바이닐 빽]이라고 발음해 봤자 현
지인들은 그게 뭔지 모릅니다. 비닐 백은 영어로 'plastic bag'이기
때문입니다.

Restaurant

18. 식당 (**Restaurant**)

: "금강산도 식후경!" 먹는 것은 인간에게서 가장 중요한 즐거움 중의 하나입니다. 이번 단원에서는 식당을 예약할 때, 음식을 주문할 때 등에 쓰이는 기본 표현을 익혀보겠습니다.

아이 메이 더 뤠저베이션 휘 미씨즈 키 맷 쎄븐
❶ I made a reservation for Mrs.Kim at 7.

메이 아이 테이 큐어 오-더
❷ May I take your order?

아을 해브 디쓰
❸ I'll have this.

크 뤼 해 버 리를 모어 타임
❹ Could we have a little more time?

왓츠 터데이(스) 스뻬셜
❺ What's today's special?

하우 우 쥬 (을)라이 큐어 스떼익 던
❻ How would you like your steak done,
써어
sir?

미디엄　뤠어　플리이즈
❼ Medium-rare, please.

디쓰　이즈　베뤼　핫
❽ This is very hot.

빌　플리이즈
❾ Bill, please.

(을)렛츠　고우　덧(취)
❿ Let's go Dutch.

❶ 미시즈 김 앞으로 7시 예약했습니다.
❷ 주문 받아도 되겠습니까?
❸ 이걸로 주세요.
❹ 조금만 더 기다려주시겠어요?
❺ 오늘의 특별요리는 무엇입니까?
❻ 스테이크를 어떻게 익혀드릴까요?
❼ 반쯤 익혀주세요.
❽ 너무 매워요.
❾ 계산서 좀 주세요.
❿ 각자 냅시다.

🗡 단 어 장

made 만들다(make)의 과거형 | reservation 예약 | order 주문 | have ~을 먹다 | more 많은(many)의 비교급 | special 특별한 | steak 스테이크 | done 하다(do)의 완료형 | medium 중간의 | rare 고기가 덜 구워진 | hot 매운 | bill 계산서 | Dutch 네덜란드의 | Go Dutch 각자 비용을 부담하다

🗡 활 용 연 습

미디엄　　레어　　　플리이즈
Medium-rare,　　please.　　반쯤 익혀주세요.

웰　　던
Well-done,　　　　　　바싹 익혀주세요.

미디엄
Medium,　　　　　　중간정도로 익혀주세요.

아을　해브　디쓰
I' ll have this.　　　　이걸로 주세요.

더　　쎄임
the same.　　　　같은 걸로 주세요.

커피　　휘 러　디저-(트)
coffee for a dessert.　디저트로 커피 주세요.

🏃 회화연습

1)

두 유 해 버 뤠져-베이션 메엠
Clerk: Do you have a reservation, ma'am?
점원: 예약하셨습니까, 손님?

에(스) 아이 메이 더 뤠저베이션 휘 쑤전 앳 쎄븐
Susan: Yes, I made a reservation for Susan at 7.
수잔: 네. 수잔으로 7시에 예약했습니다.

2)

메이 아이 테이 큐어 오더-
Waiter: May I take your order?
웨이터: 주문 받아도 되겠습니까?

위아- 낫 뤠디 옛
Jihoon: We're not ready yet,

벗 두 유 해(브) 애니 뤠커먼데이션
but do you have any recommendation?
지훈: 아직 준비 안 됐습니다만,
뭐 추천 할 만한 음식이 있습니까?

🏃 알아두셔요~!

어느 유학생이 전화 상으로 3시에 30명 분의 식당 자리예약을 하던 중 'Party of three?' (일행은 3분이시라고 그랬지요?)라는 점원의 물음에, '음... 3시에 파티하냐고 묻는 모양이군.' 이라고 생각하며 'Yes.' 라고 했다가 정작 30명을 이끌고 파티 하러 식당에 갔지만 3 자리만 예약돼 있어 곤혹을 치렀다는 얘기가 있습니다. 여기서 'party' 는 '파티' 가 아닌 그룹을 의미하며 'party of thirty' 는 '일행이 30명' 이라는 뜻입니다.
예문) How many are in your party?
(일행이 몇 분이시지요?)

19. 패스트푸드점
(**Fast Food Restaurant**)

: 햄버거나 피자 등의 패스트푸드들이 건강에 좋지 않음에도 불구하고 편리함과 저렴함 때문에 우리는 그 유혹에서 쉽게 벗어나지 못하고 있습니다. 어쩔 수 없이 다시 찾는 '패스트푸드점용 대화표현'을 공부해보겠습니다.

❶ Can I take your order?
캐 나이 테이 큐어- 오더-

❷ Could I have a Big Mac, large fries
쿠 라이 해 버 빙 매액 라아-지 후라이(스)
   and a medium coke, please?
애 너 미디엄 코욱 플리이즈

❸ For here or to go?
휘 히어- 오어- 터 고우

❹ Anything else?
애니띵 엘(쓰)

❺ Will that be all?
윌 댓 비 어얼

틱 컬- 띤
❻ Thick or thin?

와 루 줄 라이 컨 댓
❼ What would you like on that?

아이들 라익 에브리띵 버 랜쳐비이(스)
❽ I'd like everything but anchovies.

피컵 오어- 들리버리
❾ Pickup or delivery?

아이들 라이 커 더기 배액 휘 디쓰 플리이즈
❿ I'd like a doggie bag for this, please.

---

❶ 주문하시겠어요?
❷ 빅맥 햄버거 한 개와 감자튀김 큰 것, 그리고 중간 크기로
콜라 하나 주시겠어요?
❸ 여기서 드시겠습니까, 가지고 가시겠습니까?
❹ 더 주문하실 것은 없으십니까?
❺ 이게 다인가요?
❻ 두꺼운 것으로 하시겠습니까, 얇은 것으로 하시겠습니까?
❼ 토핑은 무엇으로 하시겠습니까?
❽ 멸치만 빼고 다른 건 다 올려주세요.
❾ 가져가시겠습니까, 배달해드릴까요?
❿ 남은 음식을 싸 가지고 가고 싶습니다.(doggie bag의 유래)

❷ 유용한 생활 회화
Useful Conversation

🦅 단어장

big 큰 | large 큰 | fries 감자튀김(french fries) | and ~와 | coke (코카)콜라 | else 다른 | all 모두 | thick 두꺼운 | thin 얇은 | everything 모든 것 | but ~는 빼고, 그러나 | anchovies 멸치류 (anchovy)의 복수형 | pickup 수거, 승객, 화물을 모으기 | delivery 배달 | doggie bag (식당에서 손님이 먹다 남은 것을 넣어주는) 봉지

🦅 활용연습

아이들 라익   에브리띵   버   랜쳐비이(스)
I'd like everything but   anchovies.

                 벗   페퍼로우니
**   pepperoni..**

                 벗   머쉬루움(스)
**   mushrooms.**

멸치만 빼고 다른 건 다 올려주세요.
페퍼로니만 빼고 다른 건 다 올려주세요
버섯만 빼고 다른 건 다 올려주세요.

        쿠   라이   해
Could I have
버   빙   매액   라아-지   후라이(스)   애   너   미디엄   코욱
a Big Mac, large fries and a medium coke,

                                          플리이즈
**   please?**

투우   비이(프)   버거-(스)   앤   투우   미디엄   펩씨
two beef burgers and two medium pepsi,

얼   라아-지   쵸컬릿   셰익   애   너   스멀   스쁘라잇
a large chocolate shake and a small sprite,

빅맥 햄버거 한 개와 감자튀김 큰 것,
그리고 중간 크기로 콜라 하나 주시겠어요?
소고기 햄버거 두 개와 펩시 중간 크기로 두 개 주시겠어요?
초콜릿 셰이크 큰 것 한 개와 스프라이트 작은 것 하나 주시겠어요?

❤ 회화연습

1)

Clerk: For here or to go?
휘　히어- 오어-터 고우
점원: 여기서 드시겠습니까, 가지고 가시겠습니까?

Sooji: To go, please.
터 고우　플리이즈
수지: 가지고 갈 거예요.

2)

Clerk: Pickup or delivery?
피컵　오어- 들리버리
점원: 가져가시겠습니까, 배달해드릴까요?

Jungha: Delivery, please.
들리버리　플리이즈
My name is Park at 35 Bay road # 6B.
마이　네이　미즈　팍　앳 써리화이(브)베이 로우(드) 넘버 씩스 비이
Phone is 333-2454.
포오　이즈 쓰리쓰리쓰리 투포어-화이(브)포어-
정하: 배달해주세요.제 이름은 박이고 베이 35번가 아파트
6B에 삽니다. 전화번호는 333-2454입니다.

20. 술집 (**Bar**)

: 사람들을 빨리 사귀는 데 있어 술은 빠질 수 없는 매개체임을 부인할 수 없습니다. 이번 단원에서는 술집에 가서 술을 주문할 때, "건배"라고 외치고 싶을 때 등 음주문화의 중심에 있는 표현들을 알아보기로 하겠습니다.

❶ I'll buy you a drink.
아을 바이 유 어 드링(크)

❷ I'd like a scotch on the rocks.
아이들 라이 꺼 스캇취 언 더 락(스)

❸ What kind of beer do you have?
왓 카이 너 비어 두 유 해(브)

❹ Let's toast!
(을)렛츠 토우스(트)

❺ Cheers!
취얼(쓰)

❻ Here's to your health!
히얼스 터 유어 헤엘(쓰)

7 Care for another one?
케어- 휘 어나더 원

8 Say when.
쎄이 웬

9 Bottoms up!
바럼쓰 업

10 This beer tastes flat.
디쓰 비어 테이스츠 플랫

---

❶ 내가 한 잔 살게.
❷ 스카치에 얼음 넣어서 한 잔 주세요. (특별히 얼음을 넣어달라고 주문하고 싶지 않으면 그냥 'I'd like a scotch.'라고 하면 됩니다.)
❸ 어떤 종류의 맥주가 있어요?
❹ 건배합시다!
❺ 건배!
❻ 당신의 건강을 위하여!
❼ 한 잔 더할까요?
❽ 언제 그만 따라야 할 지를 말해 줘.
❾ 잔을 비워!
❿ 이 맥주 김이 다 빠졌네.

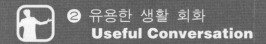
🗡 단 어 장

buy 사다 | drink 술 | scotch 스카치 위스키 | rocks 바위(rock)의 복
수형 | scotch on the rocks 얼음 위에 위스키를 따른 것 | kind 종류
| beer 맥주 | toast 축배 | cheers 갈채, 환호 | health 건강 | care for
좋아하다 | another 또 다른 | say 말하다 | bottoms 바닥 | up 위로 |
taste 맛보다 | flat 김빠진, 생기 없는, 평평한

🗡 활 용 연 습

아이들   라이   꺼
I'd like a   scotch on the rocks.
　　　　　　　　　　스캇취   언   더   락(스)

　　　　　　　　버엇
　　　　　　　　bud.

　　　　　　위스끼   위이(드)   쏘우다
　　　　　　whisky with soda.

스카치에 얼음 넣어서 한 잔 주세요.
버드와이저 하나 주세요.
소다 넣은 위스키 한 잔 주세요.

　　케어-   휘   어나더   원
Care for another one?　　　한 잔 더 할까요?

　　　　　　어나더   롸운(드)
　　　　　　another round?　　　2차 갈까요?

　　　　　러   나잇캡
　　　　a nightcap? 마지막으로 한 잔 더 할까요?

🕺 회화연습

1)

_{왓 카이 너 비어 두 유 해(브)}
Sooji: What kind of beer do you have?

수지: 어떤 종류의 맥주가 있어요?

_{버엇와이저- 쿠어-스 얼림피아 밀러-스}
Clerk: Budwiser, Coor's, Olympia, Miller's

_{애 님포-티(드) 비어-(스) 유 네이 밋}
and imported beers. You name it.

_{애니땅 유 큰 쎄이}
Anything you can say.

점원: 버드와이저, 쿠어스, 올림피아, 밀러, 그리고 수입맥주까지.
말씀만 하세요. 무엇이든 지 다 있어요.

_{아이들 라이 커 버어(드) 플리이즈}
Sooji: I'd like a Bud, please.

수지: 버드와이저 하나 주세요.

2)

_{와이 돈 츄 테이 커 샤 러(브) 위스(키)}
Mr. An: Why don't you take a shot of whisky?

안선생: 위스키 한 잔 어때요?

_{아이들 라이 꺼 스캇춰 언 더 락(스)}
Jihoon: I'd like a scotch on the rocks.

지훈: 스카치에 얼음 넣어서 한 잔 주세요.

🕺 슬랭 Slang

Give me cold one. (맥주 주세요.)

바(Bar)에서 손님들이 'Give me cold one.'이라고 하는 말은 '차가운 거 하나 주세요.'라는 뜻이 아니라 '맥주 하나 주세요.'라는 뜻입니다. 음료를 시킬 때 '찬 것으로 주세요.'라는 말을 하려면 'Make it a cold one, please.'라고 하면 됩니다.

본 교재의 본문은 전체 네개의 파트로 되어 있습니다.

기본 생활 회화 | 유용한 생활 회화 |
Basic Conversation Useful Conversation
여행 기본 회화 | 비지니스 회화 |
Travel Conversation Business Conversation

Travel
Conversation

Part III
여 행 생 활 회 화
Travel Conversation

3) 여행 기본 회화
(Travel Conversation)

1. 항공권 예약 (Air Reservations)

: 한국에서 표를 미리 구입했다고 해서 항공권 예약 표현이 필요 없어지는 않습니다. 반드시 준비해 두어야 할 표현이자, 여행을 더욱 우아하게 만들어 주는 회화표현이므로 열심히 연습하시길 바랍니다.

❶ 아이들 라익 터 북 커 플라잇 터 뉴 요옥
I'd like to book a flight to New York
디스 쌔러데이 플리이즈
this Saturday, please.

❷ 하우 머치 이저 롸운(드) 츄립 티켓 터
How much is a round trip ticket to
뉴 요옥
New York?

❸ 하우 머치 이즈 디 어픈 뤼터언 티켓
How much is the open return ticket?

❹ 유 캔 피 컵 더 티켓 터마로우
You can pick up the ticket tomorrow
모어닝
morning.

이커너미　클래애스　플리이즈
❺ Economy class, please.

이즈 이 러 다이렉(트)　플라잇
❻ Is it a direct flight?

아임　어프뤠이드　낫
❼ I'm afraid not.
데어-즈　어　워　나워-　(을)레이오버　린　쉬카고
There's a one-hour layover in Chicago.

아이들 라익 터　뤼컨펌　마이　티켓
❽ I'd like to reconfirm my ticket
뤠저-베이션
reservation.

왓츠　유어-　뤠저-베이션　넘버-
❾ What's your reservation number,
플리이즈
please.

아이들 라익 터 캔쓸 마이 플라잇 터
❿ I'd like to cancel my flight to
뉴 요옥
New York.

❶ 이번 토요일 뉴욕으로 가는 항공편을 하나 예약하고 싶습니다.
❷ 뉴욕까지 왕복티켓 값이 얼마예요?
❸ 왕복 오픈티켓은 얼마입니까?
❹ 비행기표는 내일 찾아가실 수 있습니다.
❺ 이코노믹 클래스(＝2등석)로 주십시오.
❻ 직행인가요?
❼ 아니오. 시카고에 들러서 1시간 쉽니다.

❽ 항공권 예약 재확인을 하고 싶습니다.
❾ 예약 번호 좀 알려주세요.
❿ 저의 뉴욕 행 비행 편을 취소하고 싶습니다.

🦗 단어장

book a flight 비행기 예약하다 | flight 비행기 | round trip ticket 왕복티켓 | open 열려있는 | return ticket 왕복티켓 | economy class 이코노믹 클래스 | direct 직항 | I'm afraid 유감이지만 | one-hour 1시간 | layover 도중하차 | Chicago 시카고 | reconfirm 재확인

🦗 활용연습

아이들 라익 터 북 커 플라잇 터
I'd like to book a flight to
뉴 요옥 　　　　　　 디스 　쌔러데이 　플리이즈
New York　　　　　this Saturday, please.

씨애를
Seattle

터쿄오
Tokyo

이번 토요일 뉴욕으로 가는 항공편을 하나 예약하고 싶습니다.
이번 토요일 시애틀로 가는 항공편을 하나 예약하고 싶습니다.
이번 토요일 도쿄로 가는 항공편을 하나 예약하고 싶습니다.

하우 　 머치 　이즈 디 　　　　 어픈 　 뤼터언 　　　 티켓
How much is the　　open return　　　ticket?
원 　 웨이
one way
더 　　 롸운(드) 츄립
round trip

왕복 오픈티켓은 얼마입니까?
편도표는 얼마입니까?
왕복표는 얼마입니까?

🎯 회화연습

1)

Clerk: Good morning, Korean Airlines.
How may I help you?

직원: 안녕하세요? 대한항공입니다. 무엇을 도와드릴까요?

Sooji: I'd like to reconfirm my ticket reservation.

수지: 항공권 예약 재확인을 하고 싶습니다.

Clerk: What's your reservation number, please?

직원: 예약번호 좀 알려주세요.

2)

Jihoon: How much is the open return ticket?

지훈: 왕복 오픈티켓은 얼마입니까?

Clerk: The coach fare is $500
and the first-class price is $750.

직원: 이코노믹 클래스 요금은 500달러이고,
1등석은 700달러입니다.

+ 유용한 생활 회화

Checking-In

2. 탑승수속 (**Checking-In**)

: 탑승수속 표현을 제대로 알면 원하는 자리를 앉을 수 있습니다. 특히 화장실을 자주 가는 사람들은, 필히 통로쪽 좌석(aisle seat)을 요구하셔서 더욱 쾌적한 여행이 되시길 바라겠습니다.

웨어-　캐　나이 화인(드) 더　　코뤼안　　에얼라인(스)
❶ Where can I find the Korean Airlines
쳐　킨　카운터-
check-in counter?

하이　아임　언　플라잇 케이이 쎄븐포-쎄븐앳 텐 써리
❷ Hi, I' m on flight KE 747 at 10:30
터　버스턴
to Boston.

우　줄 라이 컨 아일 씨잇
❸ Would you like an aisle seat
오어- 러 윈도우　씨잇
or a window seat?

스모킹　오어- 넌　스모킹　써어-
❹ Smoking or non-smoking, sir?

5 (I'd like) a window seat, please.

6 Here's your boarding pass.

7 You're sitting in seat 30A.

8 Please proceed to gate number 18.

9 Where is the duty-free shop?

10 Have a nice trip.

---

❶ 대한항공 탑승수속대가 어디에 있습니까?

❷ 안녕하세요, 보스톤 행 KE 747편의 10시 30분 승객입니다.

❸ 통로 쪽으로 하시겠습니까, 창가 쪽으로 하시겠습니까?

❹ 흡연석으로 하시겠습니까, 금연 석으로 하시겠습니까?

❺ 창가 좌석을 원합니다.

❻ 탑승권 여기에 있습니다.

❼ 좌석은 30A가 되겠습니다.

❽ 게이트 18번으로 가십시오.

❾ 면세점은 어디에 있습니까?

❿ 즐거운 여행되십시오.

🦋 단어장

Korean Airlines 대한항공 | check-in counter 탑승수속대 | flight 비행기 | aisle 통로 | seat 좌석 | window 창가 좌석 | smoking 흡연석 | non-smoking 금연석 | sir ~님 | boarding pass 탑승권 | sitting 앉다(sit)의 진행형 | proceed 앞으로 나아가다 | gate 문 | duty-free 면세의 | shop 가게

🦋 활용연습

(아이들 라익)
(I'd like)

커   윈도우   씨잇
a window seat,

플리이즈
please.

커   나일   씨잇
an aisle seat,

커   스머킹   씨잇
a smoking seat,

창가 좌석을 원합니다.
통로 좌석을 원합니다.
흡연석을 원합니다.

하이   아임   언   플라잇
Hi, I'm on flight

케이이 쎄븐포-쎄븐 앳 텐 써리 터   버스턴
KE 747 at 10:30 to Boston.

에이에이 쎄븐오우쎄븐 앳 에잇 포리화이브 터 서울
AA 707 at 8:45 to Seoul.

엠뉴 화이(브)오화이(브)원 앳 쎄븐트워니 터 베이징
MU 5051 at 7:20 to Beijing.

안녕하세요, 보스톤 행 KE 747편의 10시 30분 승객입니다.
안녕하세요, 서울행 AA 707편의 8시 45분 승객입니다.
안녕하세요, 북경 행 MU 5051편의 7시 20분 승객입니다.

회화연습

1)

^우 ^쥴 ^{라이} ^컨 ^{아일} ^{씨잇} ^{오어- 러} ^{윈도우}
Clerk: Would you like an aisle seat or a window

^{씨잇}
seat?

직원: 통로 쪽으로 하시겠습니까, 창가 쪽으로 하시겠습니까?

^{아이} ^워 ^너 ^{윈도우} ^{씨잇}
Sooji: I want a window seat.

수지: 창가 자리를 원합니다.

2)

^{하이} ^{아임} ^언 ^{플라잇} ^{케이이 쓰리오우쎄븐 앳 텐 써리}
Jihoon: Hi, I'm on flight KE 307 at 10:30

^터 ^{버스턴}
to Boston.

지훈: 안녕하세요, 보스톤 행 KE 307편의 10시 30분 승객입니다.

^{예(스)} ^{써어} ^{유어} ^{티켓} ^{플리이즈}
Clerk: Yes, sir. Your ticket, please.

직원: 예, 선생님. 티켓 좀 보여주세요.

슬랭 Slang

take off (떠나다)
'take off'는 보통 (비행기가) '이륙하다'의 뜻으로만 알고 있지만
자리를 차고 일어나 어디로 떠나려 할 때에도 쓰입니다.
예문) Mijung, are you taking off now?
(미정아, 가는 거야?)

3. 기내에서 (**In the Airplane**)

: 기내에서 서빙을 받는 것은 승객의 기본 권리입니다. 이번 단원에서 승무원에게 서비스를 요구하는 방법에 대해 연습해 보시고 여행 시 편안한 기내시간을 만들어보세요.

우 쥬 플리이즈 푸 츄어- 씨잇 배액
❶ Would you please put your seat back?

쿠 쥬 췌인쥐 씨잇츠 훠 미
❷ Could you change seats for me,
플리이즈
please?

아임 어프레이(드) 유 아 린 마이 씨잇
❸ I'm afraid you are in my seat.

우 쥬 (을)라익 (더) 취킨
❹ Would you like (the) chicken
오어- (더) 비이(프)
or (the) beef?

어 글래스 어브 미역 플리이즈
❺ A glass of milk, please.

우 줄 라익 썸띵 터 드륑(크)
❻ Would you like something to drink?

캔 나이 게 러 드륑(크) 플리이즈
❼ Can I get a drink, please?

쿠 쥬 브링 미 어 블랭킷
❽ Could you bring me a blanket
애 너 필로우 플리이즈
and a pillow, please?

아 위 어롸이빙 언 타임
❾ Are we arriving on time?

왓츠 더 로컬 타이 민 쌘
❿ What's the local time in San
프랜씨스코(우) 나우
Francisco now?

❶ 의자를 원위치로 해주시겠습니까?
❷ 자리 좀 바꾸어 주실 수 있습니까?
❸ 제 자리에 앉으신 것 같으신 데요.
❹ 닭고기 드시겠습니까, 쇠고기를 드시겠습니까?
❺ 우유 한 잔 주세요.
❻ 뭐 마실 것 좀 드릴까요?
❼ 마실 것 좀 가져다 주시겠습니까?
❽ 담요 한 장하고 베개 좀 가져다 주시겠습니까?
❾ 정시에 도착합니까?
❿ 샌프란시스코 시간으로는 몇 시입니까?

표현을 다양하게 활용해 주십시오! **219**

단 어 장

put ~을 놓다 | chicken 치킨 | beef 쇠고기 | glasses 유리잔(glass)의 복수형 | milk 우유 | drink ~을 마시다 | bring ~에게 ...을 가져다주다 | blanket 담요 | pillow 베개 | arriving 도달하다(arrive)의 진행형 | on time 제 시간에 | local 지역의 | San Francisco 샌프란시스코

활 용 연 습

어　글래씨(즈)　어브　미역　　　　　플리이즈
A glasses of milk,　　　please.

어　스카치　언　더　락(스)
A scotch on the rock,

코옥
Coke,

우유 한 잔 주세요.
얼음 넣은 스카치 한 잔 주세요.
콜라 주세요.

우　쥬　(을)라익　(더)　취킨　오어-　(더)　비이(프)
Would you like (the)chicken or (the)beef?

(더)　터-키　오어-　(더)　휘시
(the) turkey or (the) fish?

(더)　휘시　오어-　(더)　취킨
(the) fish or (the) chicken?

닭고기 드시겠습니까, 쇠고기 드시겠습니까?
칠면조 고기 드시겠습니까, 생선 드시겠습니까?
생선 드시겠습니까, 닭고기 드시겠습니까?

🦋 회화연습

1)

Sooji: Excuse me.
익스큐즈   미

I'm afraid you are in my seat, ma'am.
아임 어프레이(드) 유 아 린 마이 씨잇   매앰

수지: 실례합니다. 제 자리에 앉으신 것 같으신 데요.

Woman: Oh, I'm sorry. I was mistaken.
오우   아임 쏘우뤼 아이 워즈   미쓰테이큰

부인: 어머, 죄송합니다. 제가 실수했군요.

Sooji: No problem.
노우   프롸블름

수지: 괜찮습니다.

2)

Jihoon: Could you bring me a blanket
쿠   쥬 브링 미 어 블랭킷

and a pillow, please?
애 너 필로우   플리이즈

지훈: 담요 한 장하고 베개 좀 가져다 주시겠습니까?

Stewardess: Sure. I'll be right back with them.
슈어- 아을 비 롸잇   배액 위(드) 뎀

스튜어디스: 그럼요. 바로 가지고 오겠습니다.

🦋 알아두셔요~!

All set (다 됐습니다)
'set' 은 '준비가 되어있는' 이라는 뜻도 가지는데, 그 앞에 'all' 을 두
어 'All set' 이라고 하면 '준비 다됐어.' 라는 뜻으로 종종 쓰입니다.

예문) **Are we all set?** (모두들 준비 다 됐나?)

4. 출입국 관리소 (**Immigration**)

: 굳이 불법입국자가 아니더라도 출입국 관리소에서의 인터뷰는 매우 긴장되기 마련입니다. 떨지 않고 차분하게 출입국 관리소를 통과하는 데 도움이 되는 표현들을 알아보도록 하겠습니다.

웨어 리즈 디   이미그뤠이션   세너-
❶ Where is the immigration center?

메이 아이 씨   유어-   패쓰포-(트)
❷ May I see your passport?

히어 리 리즈
❸ Here it is.

왓츠   더   펄퍼즈   어브 유어- 비짓
❹ What's the purpose of your visit?

휘 러   베케이션
❺ For a vacation.

하우   (을)롱   아- 유   고잉   터 스떼이
❻ How long are you going to stay?

휘 쓰리 먼(츠)
❼ For three months.

이즈 디스 유어- 펄스트 비짓 터 더 스테잇(츠)
❽ Is this your first visit to the States?

웨어 라- 유 고잉 터 스떼이 인 엘 레이
❾ Where are you going to stay in L.A.?

앳 더 메뤼엇
❿ At the Marriott.

❶ 입국심사대는 어디에 있습니까?

❷ 여권을 보여주시겠습니까?

❸ 여기 있습니다.

❹ 방문목적이 무엇입니까?

❺ 휴가차 왔습니다.

❻ 얼마나 체류하실 예정입니까?

❼ 세 달이요.

❽ 미국방문이 처음이십니까?

❾ 엘레이 어디에서 머무르실 겁니까? (L.A.는 우리나라의 많은 사람이 알고 있는 도시이지만 그 발음이 [에레이] 보다는 [엘레이]에 더 가깝습니다.)

❿ 메리어트 호텔에 머물 예정입니다.

🐝 단어장

immigration center 입국심사대 | see 보다 | passport 여권 | purpose 목적 | visit 방문(하다) | months 달(month)의 복수형 | first 첫 번째 | States 미국(United States of America) | L.A. 엘에이 (Los Angeles) | Marriott 메리어트 호텔

🐝 활용연습

왓츠 더 펄퍼즈 어브 유어 비짓
What's the purpose of your visit?
방문목적이 무엇입니까?

휘 러 베케이션
-For a vacation. 휴가차 왔습니다.

언 비지니(스)
-On business. 사업차 왔습니다.

휘 싸잇씨잉
-For sightseeing. 관광차 왔습니다.

하우 (을)롱 아- 유 고잉 터 스떼이
How long are you going to stay?
얼마나 체류하실 예정입니까?

휘 쓰리 먼(츠)
-For three months. 세 달이요.

휘 러바웃 투우 위익(스)
-For about two weeks. 이 주 정도요.

휘 러바우 러 이어-
-For about a year. 대략 1년 간이요.

🎤 회화연습

1)

Clerk: What's the purpose of your visit?
_{왓츠 더 펄퍼즈 어브 유어- 비짓}
직원: 방문목적이 무엇입니까?

Sooji: I'm here to attend a seminar
_{아임 히어- 터 어텐 더 쎄미나}
       at Columbia University.
_{엣 컬럼비아 유니버-씨리}
수지: 컬럼비아 대학의 세미나에 참석하러 왔습니다.

2)

Clerk: Where are you going to stay in the States?
_{웨어 라- 유 고잉 터 스떼이 인 더 스테잇(츠)}
직원: 미국 어디에서 머무르실 겁니까?

Jihoon: At the Hyatt in Boston.
_{앳 더 하이엿 인 버스턴}
지훈: 보스톤에 있는 하이얏트 호텔에 머물 예정입니다.

🎤 알아두세요~!

I'm done. (끝냈다.)
'어떤 일을 끝내다' 라는 표현을 할 때, 'finish' 라는 동사말고도 'do' 를 사용할 수 있습니다. '다 끝냈다' 라는 말을 할 때 실제로 'I'm finished.' 라는 말 보다 'I'm done.' 이라는 말이 더 많이 쓰입니다.
예문) **Are you done?** (다 끝냈어요?)

5. 렌트카 (**Car Rentals**)

: 해외에서 차를 대여하면, 보다 저렴하고도 편리한 여행을 즐길 수 있습니다. 이번 단원에서는 차를 대여하는 데 필요한 표현법들을 모아 정리했습니다.

❶ 아이들 라익 터 렌터 카- 휘러 커플
I'd like to rent a car for a couple
러브 데이(즈)
of days.

❷ 어 컴팩(트) 휘 쓰리이 데이즈 플리이즈
A compact for three days, please.

❸ 이(프) 파써블 아이들 라이 컨 어러매릭
If possible, I'd like an automatic.

❹ 왓츠 더 챠-지 어 데이
What's the charge a day?

❺ 더즈 잇 인클루(드) 인슈어런스 앤 택시(스)
Does it includ insurance and taxes?

❻ Can I take it for a trial run?
캐 나이 테이 킷 훠 뤄 츄라이얼 런

❼ Can I leave it at the airport?
캐 나일 리이 빗 앳 디 에어-포어-(트)

❽ I'll take this.
아일 테익 디스

❾ I'd like to use it two days longer.
아이들 라익 터 유즈 잇 투우 데이즈 (을)롱거-

❿ I'd like to return a car.
아이들 라익 터 뤼터 너 카-

❶ 며칠동안 차를 대여하고 싶은데요.
❷ 소형중형차 한 대를 3일 동안 빌리고 싶습니다.
❸ 가능하다면 오토매틱 차를 원합니다.
❹ 하루에 얼마입니까?
❺ 이 요금은 보험료와 세금이 포함된 가격입니까?
❻ 시승 좀 해 볼 수 있을까요?
❼ 공항에서 반납할 수 있습니까?
❽ 이걸로 하겠습니다.
❾ 이틀 더 빌리고 싶은데요.
❿ 차를 반납하고 싶습니다.

🎋 단어장

a couple of 한 쌍의 | compact 소형중형차, 소형의 | if possible 가능하면 | automatic 오토매틱 차, 자동의 | charge 요금 | included 포함하다(include)의 과거형 | insurance 보험 | taxes 세금(tax)의 복수형 | trial 시도 | leave 남기다 | airport 공항 | longer 긴(long)의 비교급

🎋 활용연습

어   컴팩(트)   휘   쓰리이   데이즈   플리이즈
A compact   for three days, please.

어   밋   싸이(즈)
A mid-size

어   지입
A jeep

소형차 한 대를 3일 동안 빌리고 싶습니다.
중형차 한 대를 3일 동안 빌리고 싶습니다.
지프차 한 대를 3일 동안 빌리고 싶습니다.

이(프)   파써블   아이들 라익   컨   어러매릭
If possible, I'd like   an automatic.

커   스틱   쉬프(트)
a stick shift.

커   니커너미   카아-
an economy car.

가능하다면 오토매틱 차를 원합니다.
가능하다면 수동 차를 원합니다.
가능하다면 비용이 덜 드는 차를 원합니다.

✖ 회화연습

1)

왓 카이 너(브) 카아- 우 줄 라익
Clerk: What kind of car would you like?

직원: 어떤 종류의 차를 원하세요?

이(프) 파써블 아이들 라이 컨 어러매릭
Sooji: If possible, I'd like an automatic.

수지: 가능하다면 오토매틱 차를 원합니다.

2)

왓츠 더 챠-지 어 데이
Jihoon: What's the charge a day?

지훈: 하루에 얼마입니까?

휘 라워- 밋싸이(스)
Clerk: For our midsizes,

더 프라이(쓰) 이(즈) 씩스티화이(브) 달러-스 어 데이
the price is 65 dollars a day.

직원: 중형차의 경우, 하루에 65달러입니다.

✖ 알아두셔요~!

'오픈카'가 영어로 'open car'일거라고 생각한다면 오산! 차의 지붕을 열었다 닫았다 할 수 있는 오픈카는 영어로 'convertible'이며 [컨버러블]로 발음됩니다.

6. 호텔 (**Hotel**)

: 호텔에는 다양한 종류의 룸과 시설들이 있으므로, 자신이 원하는 내용을 프론트에 정확히 말해야합니다. 'single room', 'double room' 등 기본적인 용어들을 알면 호텔이용이 훨씬 용이할 것입니다. 이번 단원에서는 호텔예약과 프론트에 서비스를 요구할 때 쓰이는 표현들에 대해 알아보겠습니다.

아이들 라익 터 메익 커 뤠저-베이션
❶ I'd like to make a reservation
휘 러 루움
for a room.

얼 더 루움즈 아- 부욱(트) 업
❷ All the rooms are booked up.

아이들 라익 커 씽글 루움 위(드) 배애(쓰)
❸ I'd like a single room with bath.

하우 두 유 스펠 댓 네임 플리이즈
❹ How do you spell that name, please?

웨 닐 류 비 췌킹 아웃
❺ When will you be checking out?

❻ I'd like to stay one more night.
<small>아이들 라익 터 스테이 원 모어- 나잇</small>

❼ Do you have any messages for
room 305?
<small>두 유 해 배니 메씨쥐스 휘-</small>
<small>루움 쓰리오화이(브)</small>

❽ I'd like to change my room because of
the traffic noise.
<small>아이들 라익 터 췌인쥐 마이 루움 비커어즈 어브</small>
<small>더 츄래픽 노이즈</small>

❾ I'm in room 305.
<small>아이 민 루움 쓰리오화이(브)</small>
Can I have a wake-up call at seven-thirty.
<small>캐 나이 해브 어 웨익 컵 커얼 앳 쎄븐 써리</small>

❿ This is room 305.
<small>디스 이스 루움 쓰리오화이(브)</small>
The toilet doesn't flush.
<small>더 터일렛 더즌 플러쉬</small>

❶ 방 하나를 예약하고 싶습니다.
❷ 모든 방은 예약이 다 끝난 상태입니다.
❸ 욕실이 있는 싱글 룸을 원합니다. (single room 싱글 룸 : 1인용 침대 방 , double room 더블 룸 : 대형 침대 하나가 있는 방 / twin room 트윈 룸 : 중형 침대 2개가 있는 방 / suit 스위트룸: 거실 또는 집무실까지 갖춘 초대형방)
❹ 성함을 알파벳으로 풀어서 어떻게 쓰지요?
❺ 언제 체크아웃 하시겠습니까?
❻ 하루 더 머무르고 싶습니다.
❼ 305호로 연락 온 것 있나요?
❽ 자동차 소음 때문에 방을 바꾸고 싶습니다.
❾ 여긴 305호실입니다. 7시 30분에 모닝콜 좀 부탁드릴게요.
❿ 여긴 305호인데요. 변기에 물이 안 내려가요.

❸ 여행 기본 회화
Travel Conversation

✖ 단어장

room 방 | booked up (book up)의 과거형 | single room 싱글 룸 | bath 욕실 | spell 철자를 대다 | name 이름 | checking out (호텔을) 계산하고 나오다(check out)의 진행형 | more 더 | because of ~ 때문에 | traffic noise 자동차 소음 | wake-up call 모닝콜 | toilet 변기 | flush 물을 내리다

✖ 활용연습

아이들 라익 커
I'd like a

씽글 루움 위(드) 배애(쓰)
single room with bath.

더블 루움 훠 투우
double room for two.

트윈 루움 훠 투우
twin room for two.

욕실이 있는 싱글 룸을 원합니다.
2인용 더블 룸을 원합니다.
2인용 트윈 룸을 원합니다.

디스 이스 루움
This is room

쓰리오화이(브) 더 터일렛 더즌 플러쉬
305. The toilet doesn't flush.

트웰(브)오우쎄븐 디 에어-컨디셔널 더즌 워억
1207. The airconditional doesn't work.

나이노우에잇 디 일렉츄릭씨리 이즌 워-킹
908. The electricity isn't working.

여긴 305호인데요. 변기에 물이 안 내려가요.
여긴 1207호인데요. 에어컨이 작동되지 않아요.
여긴 908호인데요. 전기가 안 들어옵니다.

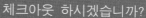
🏃 회화연습

1)

^{후로운(트) 데스(크) 하우 메이 아이 헬 퓨}
Clerk: Front desk. How may I help you?
직원: 프론트데스크입니다. 무엇을 도와드릴까요?

^{디쓰 이즈 루움 쓰리오우화이(브) 더 터일렛   더즌   플러쉬}
Sooji: This is room 305.   The toilet doesn't flush.
^{쿠   쥬   쎈(드)   써뭐   넘 히어- 화이 러웨이 플리이즈}
Could you send someone up here right away, please?
수지: 여긴 305호인데요. 변기에 물이 안 내려가요.
　　　사람 좀 빨리 보내주시겠어요?

2)

^{오어퍼레이러   캐 나이 헬   퓨}
Operator: Operator. Can I help you?
교환: 교환입니다. 무엇을 도와드릴까요?

^{예(스) 오어퍼레이러 아이들 라익 터 플레이스 어 컬렉   커얼 터}
Jihoon: Yes, operator. I'd like to place a collect call to
^{써울 코뤼아 더넘버-리즈 오우투우 화이(브)포어-화이(브) 화이(브)화이(브) 씩(스)씩(스)}
Seoul, Korea. The number is 02-545-5566
^{애앤 더 네이 미즈 미쎄스 수미 (을)리이}
and the name is Mrs. Sumi Lee.
지훈: 네, 교환원. 한국의 서울에 수신자부담 전화를 걸고
　　　싶은데요. 전화번호는 02-545-5566이고 이름은
　　　이수미 씨입니다.

^{예(스) 더넘버-리즈 오우투우 화이(브)포어-화이(브) 화이(브)화이(브) 씩(스)씩(스)}
Operator: Yes, the number is 02-545-5566
^{애앤 아임 쏘오뤼 써 하우 두 유 스펠 댓 네임   플리이즈}
and I'm sorry, sir. How do you spell that name, please?
교환: 네, 번호는 02-545-5566이고 죄송하지만 선생님.
　　　성함을 알파벳으로 풀어서 어떻게 쓰지요?

^{더 퍼스(트) 네이 미즈 스펠(드) 에(스)유우에마이}
Jihoon: The first name is spelled S-U-M-I,
^{애앤 더 (을)래스(트) 네이 미즈 엘-이-이이}
and the last name is L-E-E.
지훈: 이름은 에스-유-엠-아이-이고 성은 엘-이-이입니다.

7. 관 광 및 공 연
(**Sightseeing & Performance**)

: 이번 단원에서는 관광지에서의 추억을 남기기 위해 사진을 찍을 때나 특별한 공연을 관람하기 위해 티켓을 구입할 때 등등 관광지에서 필요한 표현들을 공부해보겠습니다.

웨어　리즈　더　투어리스트　인포메이션
❶ Where is the tourist information
어피(스)
office?

쿠 라이 게 러 씨리 맵
❷ Could I get a city map?

이즈 데어 러 수브니어- 샤압 어라운(드) 히어-
❸ Is there a souvenir shop around here?

쿠 쥬 텔 미 써 민터레스팅
❹ Could you tell me some interesting
플레이씨스
places?

_{우 쥬 테이 커 픽처- 휘 러(스)}

❺ Would you take a picture for us?

_{위 큰 푸 츄 언 더 웨이링 (을)리스트}

❻ We can put you on the waiting list.

_{두 유 해 버 스튜어던(트) 뤠잇}

❼ Do you have a student rate?

_{아이들 라익 쓰리 티켓츠 휘 터나잇}

❽ I'd like three tickets for tonight,
_{플리이즈}
please.

_{투우 스튜어던츠 플리이즈}

❾ Two students, please.

_{아이들 라익 투우 씨잇츠 인 더 쥐너럴 섹션}

❿ I'd like two seats in the general section,
_{플리이즈}
please.

❶ 여행자 안내소는 어디 있습니까?
❷ 시내지도 있습니까?
❸ 이 근처에 기념품 상점이 있습니까?
❹ 흥미로운 곳 몇 군데를 말씀해 주시겠습니까?
❺ 사진 좀 찍어주시겠어요?
❻ 대기자 명단에 올려드릴 수 있습니다.
❼ 학생요금 할인됩니까?
❽ 오늘밤 티켓 3장 주세요.
❾ 학생 2장 주세요.
❿ 일반석으로 해주세요.

🏃 단어장

tourist 여행자 | information office 안내소 | city map 시내 지도 | souvenir shop 기념품 상점 | around ~ 주위의 | interesting 흥미 있는 | places 군데 | take a picture 사진 찍어주다 | put on ~에 올리다 | waiting list 대기자 명단 | students 학생(student)의 복수형 | rate 요금 | general 일반석, 일반의

🏃 활용연습

쿠 라이 게 러
Could I get a

씨리   맵
city map?

투어-   가이(드)부욱(스)
tour guidebooks?

싸잇씨잉   부로슈어-
sightseeing brochure?

시내지도 있습니까?
여행 안내 책자 있습니까?
관광안내지 있습니까?

투우   스튜어던츠   플리이즈
Two students, please.   학생 2장 주세요.

쓰리   어덜츠
Three adults,   어른 3장 주세요.

쎄븐   씨니어-스
Seven seniors,   경로우대(노인) 7장 주세요.

회화연습

1)

두 유 해 버 스튜어던(트) 뤠잇
Sooji: Do you have a students rate?

수지: 학생요금 할인됩니까?

스튜어던츠 아- 텐 퍼-세엔(트) 어프 위(드) 아이디아이
Clerk: Students are 10 % off with ID.

직원: 신분증을 제시하면 학생은 10% 할인됩니다.

2)

우 쥬 테이 커 픽처- 훠 러(스)
Woman: Would you take a picture for us?

부인: 사진 좀 찍어주시겠어요?

슈어-
Jihoon: Sure.

지훈: 물론이지요.

저스(트) 푸쉬 디스 벗튼
Woman: Just push this button.

부인: 이 버튼을 누르시기만 하면 돼요.

아- 유 뤠디 쎄이 킴치
Jihoon: Are you ready? Say kimchi.

지훈: 준비됐나요? 김-치라고 하세요.

알아두셔요~!

['한글'에 대해 외국인에게 소개하고 싶을 때는 ...]
Hangul is the Korean alphabet. It was invented by King Sejong.
(한글은 한국사람들의 글입니다. 이것은 세종대왕이 만들었습니다.)

It's easy to learn Hangul. It has 10 vowels and 14 consonants. The
letter ㅁ was made after the shape of closed lips. Hangul is very
scientific.
(한글은 배우기가 쉽습니다. 모음 열 개와 자음 열 네 개가 있습니다. 미음
(ㅁ) 자는 입을 다문 모습과 같습니다. 한글은 아주 과학적입니다.)

Shopping at Souvenir Shop

8. 기념품 가게에서의 쇼핑
(Shopping at Souvenir Shop)

: 여행을 가면 가족, 친지들을 위한 선물을 생각하게 되는데, 이 때 준비하는 여행지의 기념품을 'souvenir' 라고 합니다. 백화점과 달리 물건값을 흥정할 수 있는 시장이나 기념품 가게 등지에서 쓸 수 있는 표현들을 연습해보겠습니다.

❶ 웨어- 캔 나이 화인 더 그웃 수브니어-
Where can I find a good souvenir
샵
shop?

❷ 아- 유 (을)루킹 훠 썸띵
Are you looking for something
인 파티큘러-
in particular?

❸ 아임 츄라잉 터 화인(드) 썸 수브니어-스
I'm trying to find some souvenirs
훠 마이 프렌즈
for my friends.

❹ 와 리스 디스 훠-
What is this for?

❺ 두 유 해(브) 애니띵 (을)레쓰 익스펜씨(브)
Do you have anything less expensive?

❻ 캔 뉴 메이 킷 어 리를 (을)로우어-
Can you make it a little lower?

❼ 피프티 퍼-센트 터프 와 루 유 쎄이
Fifty percent off, what do you say?

❽ 아을 츄라이 써 마더- 플레이스 애앤
I'll try some other place and
컴 배액
come back.

❾ 메이비 유 큰 화인 딧 인 동대문
Maybe you can find it in Dongdaemun
마-킷
Market.

❿ 아임 쏘오뤼
I'm sorry,
위 돈 억셉(트) 크레딧 카아-즈
we don't accept credit cards.

❶ 어디에 좋은 기념품점이 있습니까?
❷ 뭐 특별히 찾고 계신 것 있으십니까?
❸ 친구들에게 줄만한 기념품을 찾고 있는데요.
❹ 이건 뭐 하는데 쓰는 거지요?
❺ 보다 싼 것은 없습니까?
❻ 조금만 더 싸게 해 주시겠어요?
❼ 50퍼센트 깎아서, 어때요?
❽ 다른데 가서 알아보고 다시 올께요.
❾ 아마 동대문시장에서 살 수 있을 겁니다.
❿ 죄송합니다만, 저희는 신용카드를 받지 않습니다.

🎇 단어장

in particular 특별히 | friends 친구(friend)의 복수형 | less 적은(little) 의 비교급 | expensive 비싼 | lower 낮은(low)의 비교급 | percent 퍼 센트 | what do you say 어때요 | place 장소 | come back 돌아오다 | maybe 아마도 | Dongdaemun Market 동대문 시장 | accept ~을 받다 | credit cards 신용카드(credit card)의 복수형

🎇 활용연습

아임 츄라잉 터 화인(드) 썸 수브니어-스 훠 마이
I'm trying to find some souvenirs for my

프렌즈
friends.

와이프
wife.

페어런츠
parents.

친구들에게 줄만한 기념품을 찾고 있는데요.
부인에게 줄만한 기념품을 찾고 있는데요.
부모님께 드릴 만한 기념품을 찾고 있는데요.

두 유 해(브) 애니띵 (을)레스 익스펜씨브
Do you have anything   **less expensive?**

취이퍼-
cheaper?

스멀러-
smaller?

보다 싼 것은 없습니까?
보다 싼 것은 없습니까?
보다 작은 것은 없습니까?

🏃 회 화 연 습

1)

_{캔 뉴 메이 킷 어 리를 (을)로우어-}
Sooji: Can you make it a little lower?
수지: 조금만 더 싸게 해 주시겠어요?

_{아을 테익 텐 퍼-센(트) 어프 더 프라이(스)}
Clerk: I'll take ten percent off the price.
점원: 값을 10퍼센트 깎아 드리겠습니다.

2)

_{아이들 라익 터 바이 진생}
Jason: I'd like to buy ginseng.
_{플리이즈 텔 미 웨어- 아리 슈웃 고우}
Please tell me where I should go.
제이슨: 인삼을 사고 싶은데요.
어디 가야 살 수 있는 지 알려주세요.

_{메이비 유 큰 화인 딧 인 동대문}
Jihoon: Maybe you can find it in Dongdaemun
_{마-킷}
Market.
지훈: 아마 동대문시장에서 살 수 있을 겁니다.

🏃 알아두셔요~!

우리나라에 점점 외국인들이 많이 방문하고 있는 실정입니다. 값을 깎으려는 외국인이 'Give me a break. That's too much.' 라고 했다면 그건 무슨 뜻일까? '그거 너무 많으니까 반만 잘라 팔면 안돼요?' 라는 뜻으로 많이들 생각하지만, 사실은 '그러지 말고 좀 깎아 줘요. 너무 비싸네.' 라는 뜻입니다. 또, 정작 한 세트 다 안 사고 따로 사고 싶은 경우엔 'Can you break up the set?' 이라고 합니다.

✚ 유용한 생활 회화

Overseas Mail & International Call

9. 국제우편, 국제전화
(**Overseas Mail & International Call**)

: 아무리 짧은 기간 여행을 한다해도 고국에 전화나 편지를 보내기 마련입니다. 이번 단원에서는 이럴 때 쓰는 표현들을 중심으로 공부해보겠습니다.

아이들 라익 터 쎈 더 팩키쥐 터 코뤼아
❶ I'd like to send a package to Korea.

바이 에어-메일 오어- 씨이 메일
❷ By airmail, or sea mail?

하우 (을)롱 더즈 잇 테익 바이 에어-메일
❸ How long does it take by airmail?

왓츠 이 닛
❹ What's in it?

와 라 더 컨텐츠
❺ What are the contents?

❻ 웨어 리즈 어 페이 포온
Where is a pay phone?

❼ 웨어- 캐 나이 게 러 컬링 카아-(드)
Where can I get a calling card?

❽ (메이 키 러) 컬렉(트) 커얼 앳 오오투우-원투우쓰리이-포어화이브씩스쎄브
(Make it a) collect call at 02-123-4567
닌 코뤼아 플리이즈
in Korea, please.

❾ 아이들 라익 터 메이 컨 이너네셔널 커얼
I'd like to make an international call
터 코뤼아
to Korea.

❿ 컬렉(트) 커얼 플리이즈
Collect call, please.

❶ 한국으로 소포를 부치고 싶습니다.
❷ 항공편으로 하시겠습니까, 배편으로 하시겠습니까?
❸ 항공편으로 부치면 얼마나 걸립니까?
❹ 그 안에 뭐가 들었지요?
❺ 안의 내용물이 뭡니까?
❻ 공중전화는 어디에 있습니까?
❼ 전화카드는 어디에서 살 수 있습니까?
❽ 수신자부담으로 한국 02-123-4567번에 통화하고 싶습니다.
❾ 한국으로 전화를 걸고 싶습니다.
❿ 수신자부담 전화로 하겠습니다.

단 어 장

package 소포 | by airmail 항공편 | sea mail 배편 | contents 내용
(content)의 복수형 | pay phone 공중전화 | calling card 전화카드 |
collect call 수신자부담 | international call 국제전화

활 용 연 습

아이들   라익 터   쎈   더   팩키쥐   터   코뤼아
I'd like to send a   package to Korea.

레러   터   후랜(스)
letter to France.

팔쓸   터   페루
parcel to Peru.

한국으로 소포를 부치고 싶습니다.
프랑스로 편지를 부치고 싶습니다.
페루에 소포를 부치고 싶습니다.

컬렉(트)   커얼   플리이즈
Collect call, please. 수신자부담 전화로 하겠습니다.

(을)로컬   커얼
Local call,   시내 전화로 하겠습니다.

(을)롱   디스턴(스)   커얼
Long-distance call, 시외 전화로 하겠습니다.

회화연습

1)

Operator: Operator. May I help you?

교환: 교환입니다. 무엇을 도와드릴까요?

Sooji: I'd like to make an international call
to Korea. Make it a collect call, please.

수지: 한국으로 국제전화를 걸고 싶습니다.
수신자부담으로 해주세요.

2)

Jihoon: I'd like to send a package to Korea.

지훈: 한국으로 소포를 부치고 싶습니다.

Mail clerk: Is it fragile?

우체국직원: 깨지기 쉬운 것입니까?

Jihoon: Yes.
So I'd like you to mark 'fragile' on it.

지훈: 네. 그러니 이 소포 위에 '깨지기 쉬움'이라는
표시를 좀 해 주셨으면 합니다.

슬랭 Slang

cloud nine (행복의 절정)
다른 나라를 이곳저곳 여행하다 보면 간혹 'cloud nine'이라는 이름
의 레스토랑을 마주치게 됩니다. 이 'cloud nine'은 단테의 신곡(The
Divine Comedy)에서 유래하게 된 말로서 행복의 절정을 의미하며
'on cloud nine'은 '아주 행복한'의 뜻을 갖습니다.
예문) I'm on cloud nine, babe. (자기야, 난 너무 행복해.)

10. 환전 (**Exchange**)

: 우리나라 돈을 해외에서도 불편없이 쓸 수 있다면 얼마나 좋을까? 그러나 아쉽게도 일단 우리나라를 벗어나면 해당국의 돈으로 환전을 해야 합니다. 이번 단원에서는 환전시에 필요한 기본 표현들을 알아보겠습니다.

❶ I'd like to cash some traveler's checks.
아이들 라익 터 캐애쉬 썸 츄레블러-스, 첵스

❷ Can you please sign each check?
캔 뉴 플리이즈 싸인 니취 첵(크)

❸ I'd like to change Korean won to Japanese yen.
아이들 라익 터 췌인쥐 코뤼언 원 터 재패니쓰 옌

❹ How much do you want to change?
하우 머치 두 유 원 터 췌인쥐

❺ I'd like to get the remittance from Korea.
아이들 라익 터 겟 더 뤼미턴(스) 후럼 코뤼아

왓츠   더   익쓰췌인쥐   뤠잇   터데이
❻ What's the exchange rate today?

췌인쥐   디스   터   달러-스   플리즈
❼ Change this to dollars, please.

하우   우   줄   라이   킷   췌인쥐(드)
❽ How would you like it changed?

아이들   라익   쎄븐   헌드뤠(드)   달러-   빌스
❾ I'd like 7 hundred-dollar bills
애앤(드) 화이(브) 텐   달러-(스)   빌스   플리즈
and 5 ten-dollars bills, please.

아이들   라익   터   익스췌인(쥐)   코뤼안   원
❿ I'd like to exchange Korean won
휘   달러-(스)
for dollars.

❶ 여행자수표를 현금으로 바꾸고 싶습니다.
❷ 수표마다 서명해주시겠어요?
❸ 한국 돈을 일본 돈으로 바꾸고 싶습니다.
❹ 얼마 바꾸시길 원하세요?
❺ 한국으로부터 송금을 받았으면 하는데요.
❻ 오늘의 환율은 얼마입니까?
❼ 이걸 달러로 바꿔주세요.
❽ 어떻게 바꿔드릴까요?
❾ 100달러 짜리 7장, 10달러 짜리 5장으로 주세요.
❿ 한국 돈을 미국 돈으로 바꾸고 싶습니다.

🏃 단어장

cash 현금(으로 받다) | traveler's check 여행자 수표 | sign 서명하다 | each 각각의 | check 수표 | won 원(한국의 화폐단위) | Japanese 일본의 | yen 엔(일본의 화폐단위) | remittance rate 환율

🏃 활용연습

아이들 라익 터 췌인(쥐)
I'd like to change

코뤼언 원 터 재패니쓰 엔
Korean won to Japanese yen.

코뤼언 원 터 브리리쉬 파운(즈)
Korean won to British pounds.

브리리쉬 파운(즈) 터 재패니쓰 엔
British pounds to Japanese yen.

한국 돈을 일본 돈으로 바꾸고 싶습니다.
한국 돈을 영국 돈으로 바꾸고 싶습니다.
영국 돈을 일본 돈으로 바꾸고 싶습니다.

아이들 라익
I'd like

쎄븐 헌드뤠(드) 달러- 빌(스) 애앤(드) 화이(브) 텐 달러-(스) 빌(스) 플리이즈
7 hundred-dollar bills and 5 ten-dollars bills,

please.

화이(브)	텐
5	**10**

텐	포
10	**4**

100달러 짜리 7장, 10달러 짜리 5장으로 주세요.
100달러 짜리 5장, 10달러 짜리 10장으로 주세요.
100달러 짜리 10장, 10달러 짜리 4장으로 주세요.

💃 회 화 연 습

1)

아이들 라익 터 캐애쉬 썸 츄레블러-스 첵스
Sooji: I'd like to cash some traveler's checks.
수지: 여행자수표를 현금으로 바꾸고 싶습니다.

위 니이 쥬어- 패스포-(트)
Bank teller: We need your passport.
은행원: 여권이 필요합니다.

2)

왓츠 더 익쓰췌인쥐 뤠잇 터데이
Jihoon: What's the exchange rate today?
지훈: 오늘의 환율은 얼마입니까?

터데이스 뤠이 리(즈) 쿼티(드) 앳
Bank teller: Today's rate is quoted at
써-틴 헌드뤠(드) 휘프티 원
1,350 Won.
은행원: 오늘의 환율은 1,350원입니다.

💃 슬 랭 Slang

break money ((잔돈으로) 바꾸다)
'break money', '돈을 깨뜨리라고? 아니, 돈이 항아리도 아니고 얼음도 아닌데, 이걸 어떻게 깬단 말인가?' 라고 생각되겠지만, '큰돈을 잔돈으로 바꾸다' 라는 뜻을 의미합니다.
예문) Could you break a hundred dollar bill?
(100달러짜리 지폐 좀 잔돈으로 바꿔주시겠어요?)

11. 분실물 신고 센터
(**Lost and Found**)

: 해외에서 사람이건 물건이건 잃어버리게 되면 보통 난감한 것이 아닙니다. 이럴 땐 먼저 분실물 신고 센터를 찾아 신고를 하는 게 좋습니다. 이번 단원에서는 분실물을 신고할 때 쓰이는 표현들을 알아보도록 하겠습니다.

❶ Where should I go to ask about lost things?

웨어- 슈 라이 고 루 애스 커바웃
(을)러슷 띠잉(스)

❷ Where is the Lost and Found office?

웨어 리즈 더 (을)러스트 애앤 화운(드) 어피(스)

❸ I'm looking for my boy.

아임 (을)루우킹 훠 마이 보이

❹ Could you page him, please?

쿠 쥬 페이쥐 힘 플리이즈

아이(브) (을)러스(트) 마이 캐므롸
5 I've lost my camera.

웬 낸 웨어- 디 쥬 씨 잇 (을)래스(트)
6 When and where did you see it last?

아이 뤼얼라이즈 딧 디스 애프터누운
7 I realized it this afternoon.

왓 더즈 잇 (을)룩 (을)라익
8 What does it look like?

이 퓨 화인 뎀 플리이즈 컨텍
9 If you find them, please contact
디스 포온 넘버-
this phone number.

아- 디이즈 유어-(즈)
10 Are these yours?

---

1 잃어버린 물건에 대해선 어디에 가서 물어봐야 합니까?
2 분실물 신고 센터가 어디에 있는데요?
3 남자아이를 찾고 있습니다.
4 그를 찾는 방송 좀 해 주시겠어요?
5 카메라를 잃어버렸어요.
6 언제 어디서 그것을 보셨습니까?
7 오늘 오후에야 그것을 알았습니다.
8 그게 어떻게 생겼습니까?
9 그것들을 발견하시면 이 전화번호로 연락주세요.
10 이것들이 당신 것 맞습니까?

❸ 여행 기본 회화
Travel Conversation

단어장

ask 묻다 | about ~에 대해 | things 물건(thing)의 복수형 | Lost and Found office 분실물 신고 센터 | boy 남자아이 | page 호출하다 | camera 카메라 | last 마지막으로 | realized 깨닫다(realize)의 과거형 | find 찾다 | them 그들(they)의 목적격 | contact 연락하다

활용연습

아이(브) (을)러스(트) 마이   캐므롸
I've lost   my camera.   카메라를 잃어버렸어요.

마이   보이
my boy.   남자아이를 잃어버렸어요.

마이   브리이(프)케이(스)
my briefcase. 서류가방을 잃어버렸어요.

왓   더즈   잇   (을)룩   (을)라익
What does   it   look like?

히
he

더   (을)러스(트)   프러퍼리
the lost property

그것이 어떻게 생겼습니까?
그가 어떻게 생겼습니까?
그 분실물은 어떻게 생겼습니까?

💥 회화연습

1)

Policeman: When and where did you see it last?

경찰관: 언제 어디서 그것을 보셨습니까?

Sooji: I can't remember when and where.

수지: 언제 어디선 지 기억이 안 나는데요.

2)

Clerk: What does it look like?

직원: 그게 어떻게 생겼습니까?

Jihoon: It's a brown bag with my name tag on it.

지훈: 제 이름표가 붙어있는 갈색 가방입니다.

💥 슬랭 Slang

Keep cool. (진정해.)

'cool' 은 '시원한' 이라는 뜻 이외에도 'Cool off.', 'Cool it.', 'Keep cool.' 에서처럼 '침착한' 이라는 뜻으로도 쓰입니다. 위의 표현들 외에도 '진정해' 라는 뜻으로 'Calm down.', 'Take it easy.' 등이 있습니다.

예문) Keep cool, man. (야, 그만 진정해라.)

본 교재의 본문은 전체 네개의 파트로 되어 있습니다.

기본 생활 회화 | 유용한 생활 회화 |
Basic Conversation   Useful Conversation
여행 기본 회화 | 비지니스 회화 |
Travel Conversation Business Conversation

Business
Conversation

Part IV
비지니스 회화
Business Conversation

4) 비지니스 회화
(Business Conversation)

1. 손님환영 (Welcoming Guests)

: 이번 단원에서는 손님을 환영할 때 쓰이는 기본 표현들을 알아보
겠습니다. 손님을 영접할 때엔 최대한 반갑게, 예의를 갖춰 하는 것이
기본이며, 손님으로 다른 회사에 가게 되는 경우엔 반대로 "환영해
줘서 고맙습니다."라는 말을 하는 것이 기본적인 예의입니다.

하우 두 유 두
❶ How do you do?

아임 용수 (을)리이 언 어씨스턴(트) 매니져-
❷ I'm Yongsu, Lee, an assistant manager
랫 쎔성 일렉트러닉(스)
at Samsung Electronics.

아임 인 챠-(쥐) 어브 더 쎄일스 디파-트먼(트)
❸ I'm in charge of the sales department.

히어-스 마이 비즈니스 카아-(드)
❹ Here's my business card.

❺ 웰컴 터 아워- 컴퍼니
Welcome to our company!

❻ 땡쓰 훠 유어- 워엄 웰컴
Thanks for your warm welcome.

❼ 우 쥬 컴 디스 웨이 플리이즈
Would you come this way, please?

❽ 플리이즈 비 씨리(드)
Please be seated.

❾ 우 쥬 (을)라익 썸띵 터 드링(크)
Would you like something to drink?

❿ 하우즈 유어- 비즈니스 두잉
How's your business doing?

❶ 처음 뵙겠습니다.
❷ 저는 삼성전자의 대리, 이용수입니다.
❸ 저는 판매부를 맡고 있습니다.
❹ 제 명함입니다.
❺ 우리 회사에 오신 것을 환영합니다.
❻ 환영해주셔서 감사합니다.
❼ 이쪽으로 오시겠습니까?
❽ 여기 좀 앉으십시오.
❾ 뭐 마실 거 좀 드시겠습니까?
❿ 사업 근황이 어떻습니까?

Business Conversation

④ 비지니스 회화

단 어 장

assistant manager 대리 | Samsung Electronics 삼성 전자 | in charge
of ~을 맡다 | sales department 판매부 | business card 명함 |
welcome 환영(하다) | company 회사 | thanks for ~을 감사하다 |
warm 따뜻한, 진심 어린 | come 오다 | way 길 | seated 앉은 |
business 사업 | doing ~을 하다(do)의 진행형

활 용 연 습

아임   용수   (을)리이 언   어씨스턴(트)   매니져-
I'm   Yongsu, Lee, an assistant manager
랫   쌤성   일렉트러닉(스)
at Samsung Electronics.

준하   킴   어   디렉터   랫   데이컴
Junha, Kim, a director at Dacom.

제이쓴   (을)리이 어 씨이오   앳 에쓰비줴이
Jason, Lee, a CEO at SBJ.

저는 삼성전자의 대리, 이용수입니다.
저는 Dacom의 이사, 김준하입니다.
저는 SBJ의 대표이사, 제이슨 리입니다.

아임   인   챠-(쥐) 어브 더   쎄일스   디파-트먼(트)
I'm in charge of the   sales department.

커스터머-   써어비(스)
customer service

페이롤
payroll

저는 판매부를 맡고 있습니다.
저는 고객 관리부를 맡고 있습니다.
저는 경리과를 맡고 있습니다.

8생활영어가 강해지는 책!

✘ 회화연습

1)

하우즈 유어- 비즈니스 두잉
Hani: How's your business doing?

하니: 사업 근황이 어떻습니까?

낫 쏘 배앳
Mr.Black: Not so bad.

블랙: 그저 그래요.

2)

하우 두 유 두
Jungha: How do you do?

정하: 처음 뵙겠습니다.

하우 두 유 두
Jason: How do you do?

제이슨: 처음 뵙겠습니다.

아임 정하 팍 언 어씨스턴(트) 매니져-
Jungha: I'm Jungha Park, an assistant manager

랫 쌤성 일렉트러닉(스) 나이쓰 터 미 츄
at Samsung Electronics. Nice to meet you.

정하: 저는 삼성전자의 대리, 박정하입니다.
　　　만나서 반갑습니다.

나이쓰 터 미 츄 투우
Jason: Nice to meet you, too.

제이슨: 저도 반갑습니다.

외국인 손님을 맞게 된 김 대리. 바짝 긴장했지만 부드러운 대화를 위해
'Can you speak Korean?'이라고 질문을 했습니다. 물론 상대방은 그의 말뜻
을 알고 'A little.'(조금요.)이라고 대답했지만, 이럴 땐 조동사 'can' 보다
는 'do'를 써 주는 게 '훨씬 더 자연스럽습니다. 'Can'을 쓸 경우엔 그 사람
이 노력했음에도 불구하고 할 수 있는 지, 없는 지 능력 그 자체에 대해 묻
는 것이므로, 'Can you speak Korean?'(한국말 할 줄 알아요?) 보다는 'Do
you speak Korean?'(한국말 하세요?)이 더 상대방을 배려하는 표현인 것입
니다.

2. 회사소개
(Introducing a Company)

: 이번 단원에는 회사를 소개할 때 쓰이는 기본적인 표현들을 알아봅니다. 회사를 소개할 때엔 방문객의 입장에서 가장 궁금해 할 만한 것들이 무엇인 지를 미리 생각해보고, 그에 맞춰 간략히 이야기하는 것이 가장 효과적이라 할 수 있겠습니다.

❶ 위아-   플래닝   터   어프 너   브랜취
We're planing to open a branch
인   촤이나   넥스(트)   이어-
in China next year.

❷ 와   리스 유어-   비즈니스   플랜
What is your business plan?

❸ 아이들 라익   터   노우   유어-   마-케링
I'd like to know your marketing
스트레러취
strategy.

❹ 아워-   컴퍼니   워즈   화운디(드)   인 투우 따우전(드)
Our company was founded in 2000.

5 We have 15 branches and 5 subsidiaries.

6 What are your main products?

7 What's your total workforce?

8 Does your company have ISO?

9 What was your company's revenue last year?

10 How was the market share in the past year?

❶ 저희 회사는 내년에 중국본토에 지사를 설립할 예정입니다.
❷ 귀사의 사업 계획은 무엇입니까?
❸ 귀사의 마케팅 전략이 무엇인 지 알고 싶습니다.
❹ 저희 회사는 2000년에 설립되었습니다.
❺ 우리는 15개의 지사와 5개의 자회사를 가지고 있습니다.
❻ 주요상품들은 무엇입니까?
❼ 총 종업원은 몇 명입니까?
❽ 국제인증을 가지고 있습니까?
❾ 지난해 귀사의 수익은 얼마였습니까?
❿ 지난해 귀사의 시장 점유율은 어땠나요?

👿 단어장

planning 계획하다(plan)의 진행형 | branch 지사 | China 중국 | business plan 사업 계획 | marketing 마케팅 | strategy 계획 | founded 설립하다(found)의 과거형 | branches 지사(branch)의 복수형 | subsidiaries 자회사(subsidiary)의 복수형 | main 주요 | products 상품 (product)의 복수형 | total 총 | workforce 총 노동력 | company 회사 | ISO 국제인증 | revenue 수익 | market 시장 | share 몫 | past 지난

👿 활용연습

아워- 컴퍼니 워즈 화운디(드) 인 투우 따우전(드)
Our company was founded in 2000.

디스 팩터뤼 나인티인쎄브니투우
This factory 1972.

디스 빌딩 씩스티인 나이니 쓰리이
This building 1693.

저희 회사는 2000년에 설립되었습니다.
이 공장은 1972년에 설립되었습니다.
이 건물은 1693년에 설립되었습니다.

위 해(브) 휘프티인 브랜취(스) 애앤 화이(브) 썹시디어뤼이(즈)
We have 15 branches and 5 subsidiaries.

써-티인 디일러스 인 써울
13 dealers in Seoul.

씩(스) 뤼져널 어피시스 인 더 스떼이츠
6 regional offices in the States.

우리는 15개의 지사와 5개의 자회사를 가지고 있습니다.
우리는 서울에 13개의 대리점을 가지고 있습니다.
우리는 미국에 6개의 지사를 가지고 있습니다.

🗡 회화연습

1)

하우 매니 브랜취(스) 두 유 해(브)
Mr.Black: How many branches do you have?
블랙: 지점은 몇 개나 됩니까?

위 해(브) 휘프티인 브랜취(스) 애앤 화이(브) 썹시디어뤼이(즈)
Hani: We have 15 branches and 5 subsidiaries.
하니: 우리는 15개의 지사와 5개의 자회사를 가지고 있습니다.

2)

하우 워즈 더 마-켓 쉐어- 린 더 패스트 이어-
Jason: How was the market share in the past year?
제이슨: 지난해 귀사의 시장 점유율은 어땠나요?

위 캡쳐-(드) 에이리 퍼-센(트) 어(브) 더 터를 마-킷 쉐어-
Jungha: We captured 80% of the total market share.
정하: 총 시장의 80 퍼센트를 차지했어요.

🗡 알아두세요~!

[한국음식의 소개]
Korean people eat rice. A meal consists of rice, soup, kimchi, and other side dishes. They eat with a spoon and chopsticks.
(한국인들은 밥을 먹습니다. 식사는 밥, 국, 김치와 여러 가지 반찬으로 이루어지지요. 한국사람들은 숟가락과 젓가락으로 식사를 합니다.)
갈비(kalbi) : beef ribs cooked over charcoal
불고기(pulgogi) : barbecued beef or pork marinated in soy sauce, sesame oil, garlic, pepper, green onions
비빔밥(bibimbap) : rice topped with many cooked vegetables and fried egg, mixed with red pepper sauce

3. 통화 (**Telephone Conversation**)

: 이번 단원에서는 직장에서의 통화 중 가장 기본이 되는 사람을 찾는 데 쓰이는 표현들을 알아보기로 합니다. 누가, 언제, 누구를 찾으며, 전화를 다시 해주길 바라는 지 등을 정확히 듣고 메모해 전달해 주는 연습을 많이 해보도록 합니다.

❶ Could you connect me to Jason Lee
in marketing, please?

❷ I'll transfer your call to him.

❸ Could I have extension 305, please?

❹ He's on the other line now.

❺ Could you call back in five minutes?

❻ David wants you to return his call ASAP.

❼ He's not in at the moment.

❽ How can I contact Jason?

❾ You can reach him at 011-123-7890.

❿ Sorry. I didn't catch that.

❶ 마케팅부에 있는 제이슨 리와 통화할 수 있을까요?
❷ 그에게 연결시켜드리겠습니다.
❸ 교환번호 305번 대주시겠어요?
❹ 그는 지금 통화중입니다.
❺ 5분 후에 다시 전화해 주시겠어요?
❻ 데이빗은 가능한 한 빨리 네가 그에게 전화해주길 바래.
❼ 그는 지금 자리에 안 계신데요.
❽ Jason과 어떻게 연락할 수 있을까요?
❾ 011-123-7890으로 연락 할 수 있으십니다.
❿ 죄송합니다. 무슨 말씀을 하셨는지 제대로 못 들었습니다.

☀ 단어장

connect 연결하다 | marketing 마켓팅(부) | extension 교환번호 | other 다른 | call back 전화해주다 | return 돌아오다 | ASAP (As Soon As Possible) | 가능한 한 빨리 | at the moment 지금 | contact 연락하다 | reach 닿다 | catch 잡다

☀ 활용연습

쿠 쥬 커넥(트) 미 루 제이슨 (을)리이 인
Could you connect me to Jason Lee in

마-케링   플리이즈
marketing,   please?

퍼-스널
personnel,

아-렌디이
R&D,

마케팅부에 있는 제이슨 리와 통화할 수 있을까요?
인사과에 있는 제이슨 리와 통화할 수 있을까요?
연구 개발부에 있는 제이슨 리와 통화할 수 있을까요?

유 큰 뤼이치 힘 앳   오우원원 원투우쓰리이 포어쓰리투원
You can reach him at   011-123-4321.

오우원씩(스) 포어-화이(브)씩(스) 쓰리화이(브)쎄븐나인
016-456-3579.

오우원나인-쓰리화이(브)쓰리이 화이(브)화이(브)나인화이(브)
019-353-5595.

011-123-4321으로 연락 할 수 있으십니다.
016-456-3579으로 연락 할 수 있으십니다.
019-353-5595으로 연락 할 수 있으십니다.

회화연습

1)

꽉이   아임   커얼링   어바웃   츄어- 애드
Hani: Hi. I'm calling about your ad

인 터데이(즈)   뉴   요옥   타임(즈)
in today's New York Times.

하니: 안녕하세요. 오늘자 New York Times에 실린
광고 때문에 전화했습니다.

그뤠잇   유웃   원 터   스삐익
Receptionist: Great. You'd want to speak

터 전 호울 던 플리이즈
to John. Hold on, please.

아을   츄랜스퍼-   유어-   커얼 터 힘
I'll transfer your call to him.

접수원: 잘 하셨습니다. John과 통화하셔야 하는데 잠깐만
기다리세요. 그분과 연결시켜 드리겠습니다.

2)

쿠   쥬   커넥(트)   미 루   제이슨 (을)리이
Jungha: Could you connect me to Jason Lee

인   마-케링   플리이즈
in marketing, please?

정하: 마케팅부에 있는 제이슨 리와 통화할 수 있을까요?

히즈   언 디   아덜 (을)라인 나우
Receptionist: He's on the other line now.

우   쥴 라익 터 호울(드)
Would you like to hold?

접수원: 그는 지금 통화중입니다. 기다리시겠습니까?

[자동응답기에 녹음할 때]
Hi, You've reached at ***-****. I'm not able to get this phone
right now. Please, leave your message. I'll get back to you as soon
as possible. Thank you.(안녕하세요. 당신은 ***-**** 에 전화를 거셨습니
다. 지금은 전화를 받을 수 없으니, 메시지를 남겨주세요. 최대한 빨리 전화
드리겠습니다. 감사합니다.)

4. 방문객 맞이 (**Receiving Visitors**)

: 이번 단원에서는 비서로서 방문객을 친절하게 맞이하는 데 쓰이는 표현 및 방문객으로서 회사를 방문했을 때 비서와 나눌 수 있는 기본 대화를 중점으로 알아보겠습니다.

쿠 쥬 컴 터 마이 어피스 나우
❶ Could you come to my office now?

왓 해(즈) 브럿 츄 히어-
❷ What has brought you here?

아이들 라익 터 씨이 써뭐 닌 챠-쥐 어브
❸ I'd like to see someone in charge of
더 쎄일즈 디파-트먼(트)
the sales department.

아이 해(브) 썸띵 터 디스커쓰 위 딤
❹ I have something to discuss with him.

아이 해 버 너풔인먼(트) 위(드)
❺ I have an appointment with
미스터- 존슨
Mr. Johnson.

⑥ **Let me see if he's available.**

⑦ **There's someone at the door.**

⑧ **Mr. Johnson is in a meeting now.**

⑨ **He's off today.**

⑩ **Have I kept you waiting?**

❶ 지금 내 사무실로 와주시겠습니까?
❷ 무슨 용건이세요?
❸ 판매부 책임자를 만나고 싶습니다
❹ 그와 상의할 문제가 좀 있어서요.
❺ Johnson씨와 약속하고 왔습니다.
❻ 시간이 되시는 지 알아보겠습니다.
❼ 손님이 오셨습니다.
❽ Johnson씨는 지금 회의 중입니다.
❾ 그는 오늘 쉬는 날입니다.
❿ 제가 오래 기다리게 했습니까?

단 어 장

office 사무소 | brought 가지고 가다(bring)의 과거형 | sales department 판매부 | discuss with ~을 상의하다 | appointment 약속 | available 가능한 | at the door 문 앞에 | meeting 회의 | off (일, 근무를) 쉬다 | kept ~을 지키다(keep)의 과거형 | waiting 기다리다(wait)의 진행형

활 용 연 습

아이 해 버 너퍼인먼(트) 위(드) 미스터- 죤슨
I have an appointment with Mr.Johnson.

더 씨이오우
the CEO.

미쎄에(스) 썸슨
Mrs. Simpson.

Johnson씨와 약속하고 왔습니다.
대표이사님과 약속하고 왔습니다.
심슨 부인과 약속하고 왔습니다.

쿠 쥬 컴 터 마이 어피스 나우
Could you come to my office   now?

디스 애프터-누운
this afternoon?

터마로우 모오닝
tomorrow morning?

지금 내 사무실로 와주시겠습니까?
오늘 오후 내 사무실로 와주시겠습니까?
내일 아침 내 사무실로 와주시겠습니까?

✖ 회화연습

1)

왓 해(즈) 브럿 츄 히어-
Receptionist: What has brought you here?

접수원: 무슨 용건이시지요?

아이들 라익 터 씨 진호 (을)리이인 더 쎄일즈
Jason: I'd like to see Jinho Lee in the sales

디파-트먼(트)
department.

제이슨: 판매부에 있는 이진호 씨를 만나고 싶습니다.

2)

미스터- 브라운 데어즈 써뭐
Receptionist: Mr. Brown, there's someone

냇 더 도어-
at the door.

접수원: 브라운 씨, 손님이 오셨습니다.

레 리 민
Mr.Brown: Let him in.

브라운: 들어오시라고 해요.

✖ 알아두셔요~!

우리는 남녀간에 소개받고 가볍게 만나는 것을 미팅이라고 하지만, 실상 'meeting'은 그런 뜻이 아니라 회의를 뜻합니다. 우리가 말하는 미팅은 영어로 'blind date'입니다. 따라서 'Let's have a meeting.'은 다른 회사 직원들과 미팅을 주선해주겠다는 말이 아니라 회의를 하자는 뜻이 됩니다.

5. 상담 (**Business Negotiations**)

: 이번 단원에는 상담시에 필요한 기본 표현들을 정리했습니다. 아무리 좋은 물건이라도 상담을 제대로 못하면 바이어(Buyer)의 결정을 유도할 수 없습니다. 불필요한 설명을 가려내어 간결하게 설명하고 구매자가 원하는 질문에 대해 충분히, 최선을 다해 설명하는 성의가 필요합니다.

아워   업그레이디(드)   버-져   너브   윈도우

❶ Our upgraded version of Windows

시즈 모어- 유저- 프렌들리 대 네버

  is more user-friendly than ever.

(을)랜 미   데먼스트레이   릿 훠 유

❷ Let me demonstrate it for you.

하우   머춰 이즈 더 퍼어- 유닛 코우스(트)

❸ How much is the per unit cost?

쿠   쥬   쇼우 미 유어- 뉴

❹ Could you show me your new

프러덕(트)

  product?

❺ How long is the warranty?

❻ Why is your asking price 30% higher than that of your competitors?

❼ The price depends on quantity.

❽ I'd like to know about terms of payment.

❾ Is that your best price?

❿ This is the lowest possible price.

❶ 우리의 최신형 윈도우 프로그램은 전보다 사용하시기 쉽습니다.
❷ 시범설명을 해드릴께요.
❸ 단위당 가격은 얼마입니까?
❹ 귀사의 신제품을 보여주실 수 있습니까?
❺ 얼마동안 품질 보증이 됩니까?
❻ 왜 당신이 제시하는 가격은 당신의 경쟁자들 보다 30%나 비싸나요?
❼ 가격은 수량에 따라 달라집니다.
❽ 지불조건에 대해 알고 싶습니다.
❾ 이것이 최저가격인가요?
❿ 이것은 최저 가능 가격입니다.

☀ 단어장

upgraded 가치가 높아진 | version 판 | Windows 윈도우 프로그램 | user-friendly 사용자 친화적인 | than ~보다 | ever 여태까지 | demonstrate 증명하다 | per 당 | unit 단위 | cost 가격 | warranty 보증 | why 왜 | asking price 부르는 가격 | higher 높은(high)의 복수형 | competitors 경쟁자(competitor)의 복수형 | depends on ~에 따라 다르다 | quantity 양 | terms 조건 | payment 지불 | lowest 낮은(low)의 최상급 | possible 가능한

☀ 활용연습

쿠   쥬   쇼우   미   유어-   뉴   프러덕(트)
Could you show me your new   product?

캐럴러억
catalog?

프라이(스) (을)리스(트)
price list?

귀사의 신제품을 보여주실 수 있습니까?
귀사의 카탈로그를 보여주실 수 있습니까?
귀사의 가격표를 보여주실 수 있습니까?

와이   이즈   유어-   애스킹   프라이스   써리 퍼-센(트)
Why is your asking price   30%
하이어-   댄   대   러브   유어-   컴페티러-(스)
higher than that of your competitors?

트워니 퍼-센(트)
20%

휘프티인 퍼-센(트)
15%

왜 당신이 제시하는 가격은 당신의 경쟁자들 보다 30%나 비싸나요?
왜 당신이 제시하는 가격은 당신의 경쟁자들 보다 20%나 비싸나요?
왜 당신이 제시하는 가격은 당신의 경쟁자들 보다 15%나 비싸나요?

✘ 회 화 연 습

1)

하우 (을)롱 이즈 더 워런티
Mr.Black: How long is the warranty?
블랙: 얼마동안 품질 보증이 됩니까?

위 윌 게런티 이 디(스) 프러덕(트)
Hani: We will guarantee this product

휘 쓰리 이어-(스)
for three years.
하니: 이 제품은 3년 간 보증하겠습니다.

2)

하우 머춰 이즈 더 퍼어- 유닛 코우스(트)
Jason: How much is the per unit cost?
제이슨: 단위당 가격은 얼마입니까?

더 프라이(스) 이즈 투 헌드뤠(드) 달러-(스) 퍼어- 유닛
Jungha: The price is 270 dollars per unit.
정하: 단위당 270 달러입니다.

✘ 알아두세요~!

어떤 사람이 벼룩시장(flee market)에서 팔찌 하나를 싸게 사 와선
친구에게 자랑을 하자, 친구가 'That's a steal.'이라고 말했습니다.
그는 친구가 자기에게 '장물을 사왔다.'는 말을 하는 줄 알고 너무
도 당황했지만, 알고 보니 '너 정말 싸게 샀구나.'라는 뜻으로 한 말
이었음을 알고 한시름 놨다는 이야기가 있습니다.

Contract & Ordering

6. 계약, 주문
(Contract & Ordering)

: 이번 단원에서는 상품의 계약 및 주문을 받을 때 필요한 표현들에 대해 알아보겠습니다. 상품의 주문 시에는 특히 숫자 하나하나를 반드시 확인해야 착오가 발생하지 않으므로 각별히 주의하도록 합니다.

(을)렌 미 쇼우 유 아워- 쌤플스
❶ Let me show you our samples.

두 유 해(브) 더 프러덕 틴 스터억
❷ Do you have the product in stock?

(을)렛츠 드러어 업 뻐 컨트랙(트)
❸ Let's draw up a contract.

위들 라익 터 오-더 유어 프러덕(츠)
❹ We'd like to order your products.

왓 퀀터티 디 쥬 해 빈 마인(드)
❺ What quantity did you have in mind?

^{아이들} ^{라익} ^터 ^{플레이스} ^언 ^{오더-} ^{휘 쓰리 헌드레(드)}
❻ I'd like to place an order for 300
^{어(브)} ^{유어-} ^{프러덕(츠)}
of your products.

^{아임} ^{쏘우} ^{글래(드)} ^댓 ^{아워-} ^{터억스} ^{터언} ^{다웃}
❼ I'm so glad that our talks turned out
^터 ^비 ^{썩쎄스플}
to be successful.

^{아이들} ^{라익} ^터 ^{췌인쥐} ^{마이} ^{오더-}
❽ I'd like to change my order.

^해 ^뷰 ^{뤼씨이브(드)} ^더 ^{컨츄랙(트)}
❾ Have you received the contract?

^웨 ^나 ^유 ^{고잉} ^터 ^{와이어-} ^더 ^{펀(즈)}
❿ When are you going to wire the funds?

❶ 샘플을 보여 드리겠습니다.
❷ 그 제품의 재고가 있습니까?
❸ 계약서를 작성합시다.
❹ 귀사의 제품을 주문하고 싶습니다.
❺ 얼마나 주문하실 겁니까?
❻ 귀사의 제품 300개를 주문하고 싶습니다.
❼ 이번 협상이 성공적이어서 굉장히 기쁩니다.
❽ 주문을 변경하고 싶습니다.
❾ 계약서 받으셨나요?
❿ 언제 대금을 송금해 주실 건가요?

🏃 단어장

in stock 재고의 | draw up (문서를) 작성하다 | contract 계약(서) | in mind 마음 속에 | talks 대화 | turned out 결국은 ~이 되다 (turn out)의 과거형 | successful 성공적인 | received 받다(receive)의 과거형 | wire 전신하다 | funds 자금(fund)의 복수형

🏃 활용연습

아이들 라익 터 플레이쓰 언 오더- 휘-
I' d like to place an order for

쓰리 헌드레(드)   어(브) 유어-   프러덕(츠)
300   of your products.

써-리 따우전(드)
30,000

쓰리 헌드레(드) 따우전(드)
300,000

귀사의 제품 300개를 주문하고 싶습니다.
귀사의 제품 30,000개를 주문하고 싶습니다.
귀사의 제품 300,000개를 주문하고 싶습니다.

두 유 해(브)   더   프러덕   틴   스터억
Do you have   the product   in stock?

쏘내러   인
sonata

티코우   인
tico

그 제품의 재고가 있습니까?
소나타의 재고가 있습니까?
티코의 재고가 있습니까?

회화연습

1)

해 뷰 뤼씨이브(드) 더 컨츄랙(트)
Mr.Black: Have you received the contract?

블랙: 계약서 받으셨나요?

예(스) 더 컨트랙(트) 갓 히어- 어얼리어- 디(스)
Hani: Yes, the contract got here earlier this

모-닝 땡스 베뤼 머춰
morning. Thanks very much.

하니: 네, 계약서가 오늘 아침 일찍 도착했습니다.
대단히 감사합니다.

2)

쿠 쥬(을) 렌 미 노우 웬 뉴 아-
Jungha: Could you let me know when you are

와이어링 더 펀(즈)
wiring the funds?

정하: 언제 대금을 송금하실 지 알려 주실 수 있나요?

슈어- 덴 우 쥬 프로쎄(스) 더
Jason: Sure! Then, would you process the

다큐먼(트) 애즈 쑤우 내즈 유 뤼씨이브 더 펀즈
document as soon as you receive the funds?

제이슨: 그럼요. 송금을 받은 즉시 서류처리를 해주실 거죠?

데피너틀리
Jungha: Definitely.

정하: 당연하죠.

알아두셔요~!

'소나타'가 해외에 많이 수출된 것은 누구나 다 잘 알고있습니다. 그런데, 정작 이걸 화제로 삼고 싶어도 현지에서 어떻게 발음되는 지 알아야 부드럽게 대화를 유도할 수 있을 것입니다. '소나타'는 [쏘나타]가 아니라 [쏘내러]로 발음됩니다.

My First English Diary

Somebody Read My English Diary!

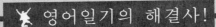

영어일기의 해결사!

영어일기 완성으로,
영작문 정복하기!!!!!

➕ 영어일기 자신감과 함께 단번에 "된다!"
➕ 최소의 기초 영문법만으로 "된다!"
➕ 자세한 해설과 활용으로 혼자서도 "된다!"

된다!!
영어일기

영어일기가 영작문 학습에
얼마나 효과적인지는 다들 잘 아시죠!

누구야!
내 영어일기
본 사람?